Whoever Tells the Best Story Wins, 2E

你的团队需要一个会讲故事的人

用故事思维解决问题

[美] 安妮特·西蒙斯◎著 尹晓虹 译
(Annette Simmons)

江苏凤凰文艺出版社
JIANGSU LITERATURE AND ART PUBLISHING HOUSE

图书在版编目（CIP）数据

你的团队需要一个会讲故事的人 /（美）西蒙斯(Simmons,A) 著 ; 尹晓虹译. -- 南京 : 江苏凤凰文艺出版社, 2016（2016.8 重印）

书名原文: Whoever Tells the Best Story Wins

ISBN 978-7-5399-8617-3

Ⅰ. ①你… Ⅱ. ①西… ②尹… Ⅲ. ①心理交往－通俗读物 Ⅳ. ①C912.1-49

中国版本图书馆CIP数据核字(2015)第190005号

著作权合同登记号：10-2016-040

书名	你的团队需要一个会讲故事的人
作者	（美）西蒙斯（Simmons,A）著
译者	尹晓虹
责任编辑	黄孝阳　汪　旭
出版发行	凤凰出版传媒股份有限公司 江苏凤凰文艺出版社
出版社地址	南京市中央路 165 号，邮编：210009
出版社网址	http://www.jswenyi.com
发行	北京时代华语图书股份有限公司　010-83670231
经销	凤凰出版传媒股份有限公司
印刷	北京文昌阁彩色印刷有限责任公司
开本	700×1000 毫米 1/16
印张	14
字数	150 千字
版次	2016 年 5 月第 1 版　2016 年 8 月第 6 次印刷
标准书号	ISBN 978-7-5399-8617-3
定价	36.00 元

（江苏文艺版图书凡印刷、装订错误可随时向承印厂调换）

再版说明

10 多年前，本书的初版在美国出版引起轰动，并畅销不衰，之后互联网、众筹、大数据等的发展，都印证了作者提出故事思维的前瞻性。公众在微信、微博等社交媒体上的主要传播手段，也还是讲故事。

在畅销了 10 年之后，本书终于重新改版，针对现代互联网的发展和商业模式的变化，整补和修订了许多内容。

在团队中，每个人不仅仅是依靠数据和规则运作的零件，工作同时也是情感经历，正是这些经历左右着我们工作方式和工作目的。

正如亚里士多德所说："我们无法通过智力去影响别人，情感却能做到这一点。"在过去的几十年中，商业王国强调互联网思维和大数据，而将故事边缘化成一种宣传工具。但偏偏我们在团队内试图进行沟通、协调、说服、辩论等时，情感是个重要因素，而团队对外进行沟通的时候，亦是如此。注意到这一点后，已经有越来越多的人将故事思维重新引回商业王国。

《你的团队需要一个会讲故事的人》颇具启发性，引导我们用自己的故事打动周围的同事——再以此分享你的热情所在和目标。

开启讲故事思维，一个简单的故事就能让人们对人际关系、价值观和目标产生认同感，这也决定着你是否能让人们发自内心地认可你或你的产品。简单来讲，你的故事能让团队里的每个人投入更多，更有朝气。

商务环境让人们暴露在无穷无尽的信息中，故事能帮助你从个人角度网罗所有关键信息。本书颇具启发性，让你和听众更好沟通——并传递出你的真实意图。

再版中，相较于初版更新如下：

· "借来的灵感"：从一系列领域和学科中借鉴来的小提示和创意。

· 故事思维的哪些特性受到了科技发展影响，哪些方面保持不变。

· 通过讲故事控制歧义或减少异议的小技巧。

· 教授他人讲故事的能力，提升他人该项领导素质的指南。

你的团队需要一个会讲故事的人，这个人可以为整个团队带来意想不到的好处。你可以培养一个，也可以自己成为那个人。

编者

FOR THIS SECOND edition, I offer a big thank–you to Danuta Electra Raine, Stephen Brewer, and Martin Karaffa. It is wonderful to have such smart, generous friends!

致谢

在本书第二版中，我想向达努塔·伊莱克特拉·雷恩、斯蒂芬·布鲁尔、马丁·卡拉法表示深深的谢意。能够有你们这样聪慧而慷慨的朋友，是如此美好！

序：说服、沟通、打动他人的基本技巧

30 年前，只有喜欢口述历史的人和孩子才喜欢故事。而现在，“讲故事”成为一项综合了情商、教育、娱乐、神经系统科学的沟通策略，用途也扩展到法律、营销、组织发展、领导力、医疗卫生，以及以使用者为导向的设计。讲故事一时流行了起来。

这也不足为奇。科技带来了信息大爆炸，我们现在需要有意识地将这些信息转换成大脑容易接受的形式来理解：故事。我们的大脑通过故事来帮助思考，我发现，人们只要学会精心构思一个故事，并且将其分享出来，能让听者和说者都颇有感触的话，各种情形下的沟通都会有所改善。故事能够让人际交流信息更丰富，会形成巨大的动力，让我们产生共同的感受。

要找寻和讲述能让自己和听者都产生共鸣的故事，一旦掌握了这种技巧，你也就具备了说服、沟通、打动他人的基本技巧。一个善于讲故事的人懂得利用自身的情绪反应来判断他人的情绪反应，从而加以运用。

当你尝试讲述亲身经历时，你很清楚哪些细节能让故事变得更生动。你可以通过讲述个人经历，选择各种讲述顺序，各种具体的细节，从而构建新的语境。最重要的是，讲述个人经历能够让你从人们那里得到真实的反应，而不是各种接近或远离真实反应的假设和猜想。

如果我们只图方便，又或者利用既有的固定模式来沟通时，我们的故事就会缺乏一种人情味，从而让我们的沟通变得乏味。经常能看到“热门视频的七要素”或“五种抓人眼球的标题”这类所谓的范本，但这些只能说明，要想达到人际沟通的目标，并没有一个万全的方法。

大部分建议都是让你**从外而内地**构建故事。所有的故事都有着相同的元素，例如，每个故事都有情节、人物、环境设定、矛盾、解决方法。当然是这样，但是这样却不能引起人们的情感共鸣——只不过是把情节、人物、环境设定、矛盾、解决方法罗列给听众而已。而讲述亲身经历能让你**从内而外地**讲述故事，将情感和人际交流放在首位。只有赋予自己传达的信息以生命时，才能让故事真正活起来。当你真诚地讲述自己在工作和生活中有意义的事时，你就真正掌握了诀窍，能够将工作生活中的故事讲述给听者，触动他们的感情。

讲述自己的亲身经历能够让你换位思考。例如，你可以讲这样一个故事，一个人听说有人以半价买了跟自己一样的车，觉得十分不开心。之后又听说这事只是个谣传，这个人觉得满意多了，但是却没有听到谣传前那么开心。这就是故事对经历的影响力——从没听说过这个谣传，或者从一开始就知道这是谣传，又或者这个人听了这个编造的故事后觉得自己上当受骗了（同情某人受了欺骗），这都会引发人们不同的反应。类似的例子还有，“父亲刺向儿子”这句话既可以成为一个谋杀故事，又可以成为一个父亲为儿子做性命攸关的紧急气管切开术的故事。

讲述亲身经历能让你意识到，每个听者都有着各自的经历，你可以利用听者的经历来安慰他们，又或者激起对方的惊讶之情或者为其留下悬念。如果你能将讲故事的技巧应用在沟通当中，那么那条流传已久的“揣摩听众心思”的规则将衍生出多种沟通方式。

当你养成了将个人经历融入故事当中的习惯后，那么你的演讲也将变得更加有人情味，更加富有感情。我有一个做房地产生意的朋友，他将自己一年以来做临终关怀志愿者的个人经历都记入了博客，他以此为启发，向市政府显示了他的诚意，显示了他明白自己想要开发的这块土地背后的历史意义。他邀请当地的孩子用画笔描绘那里的历史事件，之后在自己的幻灯片演讲中加入了孩子们的画。在过去，他可能只会在幻灯片中插入一张自己从网站上找到的历史时间轴。然而，他却在当地的一个学校，利用几小时时间在一节三年级学生的历史课上进行互动——老师觉得这是个不错的想法——这些孩子也乐于分享自己画的画。几周之后，他就取得了建筑施工执照。

知道故事具有的影响力，这既是种难得的机遇，也是一项伟大的责任。请用以为善，而不是为恶。

在这本书的第一版中，我引用了《选择的悖论》（*The Paradox of Choice: Why More Is Less*）一书的作者巴里·施瓦茨（Barry Schwartz）的话，用以说明我们现在最需要故事来帮助我们进行选择，并且让我们事后不反悔。巴里·施瓦茨这样写道："总有那么一个时刻，眼前的这些选项让事情变得徒劳，甚至是事与愿违的——变成了痛苦、后悔、担忧的源泉，让我们担心错失机会，或者抱有不切实际的期望。”选择只会变得越来越多，我们亟须有意义的故事来帮助我们做出选择。

在那之后，巴里·施瓦茨和肯尼思·夏普（Kenneth Sharpe）合著了一本名为《遗失的智慧》（*Practical Wisdom*）的书，书中讲到，我们企图利用数学公式来捕捉和复制智慧的尝试是多么的有限。智慧总是随着情况而变，而那些公式在面对“具体情况”的情形下则派不上用场。

美捷步（线上销售商）发现，一流的客户服务需要故事和文化的支撑，而不是为客服呼叫中心的员工发放一些程式化的流程单。美捷步的客服代表没有流程单，公司鼓励他们创新，鼓励他们在遵守核心价值的基础上利用个性化的方式服务不同的客户，处理不同的情况。处理故事就像是无拘无束的飞行，然而那些安全网——公式、政策、脚本、规则，给我们带来错觉，以为前后一致就是高质量。但是就传达给人们的情绪感受来说，一成不变则意味着漠然。我们生活在这个暧昧而充满感情的世界中，故事能让我们更灵活地面对其中各种独特的情况。

亚里士多德注意到，手艺人不会用直尺测量弧线或者是凹痕，而是用可以弯曲的卷尺来贴合形状。不管多么精妙的算法和公式，都不如蕴含在故事中可以随意变形、创新、即兴发挥的个人感悟。

只要挖掘出这种天生的能力，通过讲述故事的形式理解这个世界，那么你就拥有了更深层次的智慧，能帮助你沟通得更顺畅，更富真情实感。尽管我们数十年来都试图在工作中掩盖自己的个人感情，但是讲述故事的过程却证明，假如不掺杂个人感情，那么工作未必会进行得更加顺利。

目　录

CONTENTS

第三部分　六种故事：寻找自己的专属故事

第四部分　在故事之外学习讲故事

第十五章　学会倾听

第十六章　灵感的借鉴

附录：人们应该如何学习讲故事

第一部分 用故事思维重新思考

第一章 故事思维

这几个故事都来自我的家人，故事充满了人情味。

我的外祖父在我出生六个月后就去世了，然而通过母亲讲的故事，我觉得自己仿佛了解外祖父一样。20 世纪 40 年代到 50 年代间，外祖父做着售卖家乐氏麦片的生意。外祖父十分开朗，也喜欢搞恶作剧。我有一张外祖父的照片，他像将军一样跨在小马驹上，小马驹太矮了，他都没有真正骑在它身上。母亲给我讲的外祖父的故事中，提到了外祖父经常讲的一个笑话。而笑话里最逗乐的那部分则正好贴合了这本书的初衷。

> 一个男的走进了一家宠物店，说道：“我想要只会说话的鹦鹉。”
>
> 老板说：“好的，先生。我们有两只会说话的鸟儿。这只绿色的大鹦鹉特别爱说话。”他敲了敲笼子，那只鸟便说：“耶和华是我的牧者，我必不至缺乏。”“它背得出整本《圣经》。我还有只红色的鹦鹉，尽管是只小鹦鹉，不过也正在学舌。”他提示鹦鹉说：“波利想要块饼干。”小鹦鹉重复道：“波利想要块饼干。”

那顾客说："你教我怎么训练鹦鹉说话，我就买了那只小鹦鹉。"

宠物店老板说："没问题。"他和男顾客坐下了，花了几小时教男顾客训练鹦鹉的方法。之后，老板把小鹦鹉放在笼子里，收了钱，男顾客回家后就开始训练鹦鹉说话。

一周之后，男顾客怒气冲冲地回到了宠物店。

"你卖给我的那只鸟根本不会说话。"

"真的？你有没有按照我说的去做？"宠物店老板问道。

"有啊，一点也没偏差。"那顾客回答道。

"哦，也许那只鸟有点寂寞。跟你说吧，我卖给你一个小镜子，你把它放在笼子里。小鹦鹉看着它自己的影子一定会很快开口说话的。"

男顾客照做了。三天之后，他又回到了宠物店。"我想退款。那鹦鹉根本不说话。"

宠物店老板想了一下，说道："我猜那鹦鹉是觉得无聊了。给它点儿玩具玩。给，拿走这个铃铛。送你的。放到鸟笼里，给它找点儿事儿干，它自然会开口说话的。"

一周之后，男顾客又回到了店里，比前几次更生气了。他冲进了宠物店里，手里拿着一个鞋盒。“你卖给我的那只鹦鹉死了。”他打开了鞋盒，里面就是那只可怜的小鹦鹉，“你把钱退给我。”

宠物店老板感到十分惊讶！“实在抱歉，我不清楚怎么会这样。但是你能告诉我……这只鹦鹉有没有试着说话？”

“嗯，”男顾客说，“它确实说过一个字，就在它死前说的。”

“它说了什么？”老板问道。男顾客说：“它说：‘吃——’”

可怜的鹦鹉，它是被饿死的。

这虽然只是个很有趣的段子，但其中的意义在于，就像那只鹦鹉需要食物一样，在现实沟通中我们真正需要的可能只是一些故事元素。人们现在亟须有意义的故事，而我们却淹没在毫无人情味儿的信息里，即便是那些看起来像是很好的故事，实则不过是给那个忍饥挨饿的鹦鹉镜子和铃铛一样无效。人们希望在你的故事中读到人情味，希望接收到你发出的信息中能体现“你”（你或你们）的一丝人情味儿。学着讲自己的故事实际上就是学着在自己发出的信息中包含一丝人情味儿。

无论你是想讲述品牌故事，在社交媒体上发布用户体验故事，制作视觉故事，讲述有教育意义的故事，或者利用用户故事进行设计，又或者利用故事来解释复杂的概念，寻找故事和讲述自己故事的过程能让大脑利用故事进行思考。

故事思维需要融合情感中的情绪、认知、精神层面。对于人类而言，情感是第一位的。我们摧毁掉不讨喜的事实，却加深谎言以求自我满足。我们学着变得更理性，隐藏自我感情，试着客观地做决定，以此来抑制这种倾向。这确实有效，但假如你一直不掺杂感情、客观地做决定，那么你撩拨感情、寻找故事的能力，以及理解感情的能力都会降低，甚至彻底消失。本书指导你学会用故事进行思考的技能，为你用事实进行思考的技能作补充。事实确实重要，但情感却能将事实的意义传达给你的听众。

怎样“看见”故事

许多重要的情感结果[①]（看见）都以故事形式表达。

就像在阴阳之间、左右脑之间、艺术和科学间的转换一样，下面的图片说明，你一次只能看到一种景象……你可以快速来回切换，当你看到人像的时候，花瓶会消失，反之亦然。这就像我们找寻故事一样。我们可能需要把资料打乱，从而可能发现一个放在全新背景之下而

① 原文为 significant emotional event (s.e.e.)。

又充满意义的故事，以此改变人们对资料的理解。

一旦你学会在理性思考（花瓶）和故事思维（人像）之间转换自如之后，你就能找到事实上正确，而感情上也满足的正解。但若是仅仅知道正解是不够的，想要减肥的人需要的不仅仅是一本减肥指导书。改变行为需要的不仅仅是知道正确的方式，我们还要想做这件事才行。

对一般的商务人士来说，故事思维听上去有些困难，因为利用故事进行思考需要我们暂时将理性思考放在一边，转而关注那些能够带来情感反应的故事、隐喻、类比和直觉。和那张花瓶 / 人像的图片一样，我们可以依次思考两者，花费相同的时间，然后再将理性思维和故事思维结合起来。与事实相比，故事可能会变得有些模糊，甚至会前后不一致。我们必须试着用情感那种模糊的、变化的、不规则的语言——故事的语言来理解情感。

一个精彩的故事所产生的情感影响力能让对方对你的批判性思维大大减弱，如果我们能找到更多故事，从而更容易通过故事找到新点子，还需要高价的定量数据分析做什么？

最近，一个定量数据分析项目，将员工姓名牌里嵌入话筒、位置传感器和加速传感器观察他们的行为，假如公司将只为高层管理者使用的咖啡机换掉，建成一个人人都可以利用的空间，人们在这里可以随机地休息片刻，那么公司的生产率会上升，而营业额则会下降。

但如果让我来进行这项研究，我们只需要寻找有关包容和疏远的故事点，以此鼓励人们参与调查，这样就可以省下做实验的那些资金。

当你收集或讲述那些类似亲身经历，而人们又觉得有意义的故事时，自然会动用故事思维。一件事情之所以具有意义，是因为我们为其找到了一个故事。故事反映了人们对事件背后的人、直觉和文化的理解。故事高于事实，区分着关联和断裂——好的、坏的、有关的、无关的——从而制造属于人们各自的意义。

找到重点所在和其原因

每种文化都会有一些隐喻或故事起源，都对普遍而模糊的人类进化困境有自身的解读，这些故事和隐喻就围绕这种解读展开，解读类似时间、权利、安全、金钱、伦理道德，以及其他重要的方面。

假如一种文化十分看重某个方面，那么你一定可以找到一个解释其重要性和原因的故事。在某个国家，有人就告诉我，假如出现更好的报价，一个房地产协议就会变成一张废纸，因为当地人“喜欢**玩弄**规则而不是**遵守**规则”。作为一个美国人，我可能带有自己的成见，但这个故事也清楚地告诉我可能会发生的事情，也告诉我该作何反应。

故事思维能给我们带来许多不错的体验。当你知道自己应该做什么却不想做时，找到正中下怀的故事会对你有助益。我辅导一些政客学习讲故事的技巧时，当有些人已经开始感到倦怠时，我让他们讲述自己当初之所以选择这行的故事，他们都感到心中有股力量，也重新欣赏起自己的工作。

一个良师益友曾出乎意料地给我发过一条短信“我特别喜欢你”时，这神奇地改变了我的感受。之后，我和朋友在午餐时分享了这个故事，也改变了我朋友的感受。我从紧张转变为如沐春风的状态，他也对之报以微笑。

当你想起自己的初恋时，注意一下自己的心理状态、注意力、情绪，还有行为。当时的你有多大？梳着怎样的发型，穿着什么样的衣服？回想一下当时你们之间的互动，可能会有的互动，以及幻想的互动，直到你感受到当时的一丝情感。你微笑了吗？有没有一种想要行动的欲望？也许你现在会想看看自己许久不见的旧爱在何处。

现在冷静下来，回想一些不是那么愉快的事情。回想高中时被拒绝的尴尬，随便选一件当众出糗的事，大部分人的高中生活都充斥着这样的事情。全神贯注在那尴尬的瞬间，回忆起在场的人叫什么，在什么地方，让情境重现。现在注意一下回想这些情境时触动的感情，你可能会有种避免类似经历重现的冲动。

这个实验证明了重温回忆，可以通过改变你的故事来改变现实感受。

故事思维的关键在于，首先了解哪些故事能够撩拨自己的感情，然后找到那些能够撩拨他人感情的故事。这种从内心开始练就的技能能够让你明白，故事能够激发我们的斗志，让我们开始行动。

故事思维与理性思维共用

利用故事进行思索并不会降低你的理性思维能力。你仍旧可以利用理性思维分析成本 / 收益比率。如果你倾向于利用客观手段，例如根源性原因分析或数据来区分“对”与“错”，那么想要转入主观思考模式就比较困难了。要记住，我们利用故事思维，并不意味着我们要放弃客观逻辑和具体结果。我们只不过是利用故事思维找寻自我和他人的情感和认知规律，以此来补充客观现实。

故事思维可以探索人们循着错因却做出正确决定的原因，让我们认识到犯错有可能转化为好的（比如很多电视真人秀节目所表达的），以及做对了也有可能是坏的（比如在流行病肆虐时给特效药物申请专利），而不是做出草率决定，或是矫枉过正。

就像会弹琴一样，一些在这方面有天赋的人可以自如处理客观和主观因素，其余的人则倾向于客观或是主观。西方教育体制之下，人们更倾向于理性思考。右脑思维、艺术解读，以及隐藏的阴面，这些都和故事思维十分相似，有时甚至可以互换。换种说法，假如你十分擅长用左脑思考，倾向科学思维，有着阳面的能量，那么故事思维绝对是你搜寻创新、以人为本想法的最佳方式，也是你进行情感交流的最佳途径。

减少内心批判的声音

你内心批判的声音可能会怀疑故事思维方式，认为其太主观、非理性，或是滥俗。尽管故事现在成了热门话题，但人们搜寻和讲述故事的方式却仍十分传统，甚至是老套的。理性思考希望我们利用科技、自动化、测量等方式来更新我们所拥有的信息。注意，这样你可能会因此弄巧成拙，破坏自己想要了解的那部分。

> 我不喜欢将故事的主观特性切分成模块、秘方、策略。人们经常会说，故事一般会有开头、过程和结尾。拜托，什么东西没有开头、中间和结尾？同理，你可以用情节、人物、主题、矛盾组成一个故事，但却不一定能产出好故事。互动能够让人找到发自内心的、来源于实践的意义，让讲故事的人和听故事的人都得到满足——这才是一个故事。

故事思维不仅仅是人类发现科技之前的思考方式，我们现在仍旧在利用故事思考。第一步就是暂停理性思考，找到人类情绪的源代码：经历。故事由人类负责社交和情感的大脑区域编码而成——大脑边缘系统、杏仁体，以及大脑中更加相信感官知觉的重要部分，而不是依靠大脑中善于记住符号、数字、字母的那部分。在这方面，数字和语言远不如记忆和图像更能代表事实。大脑的这些部分将经历当作最好的老师，故事与现实间可能会有偏差，因为故事只是模拟体验。

故事也能在眨眼之间改变你的价值观。起初这确实会令人觉得不安，但是一旦你习惯了这些，你就能发现故事思维的妙处。这里有一则古老的中国寓言。

> 一个老农夫每天下午都和他的邻居聊天，他的邻居是个爱管闲事的人，每天都在同一时间找他串门。一天傍晚，他的邻居突然说："你又买了匹马？昨天我看你还只有一匹马，今天就成了两匹了。"
>
> 农夫告诉邻居说，这匹身上没有任何标记的马走进了自己的马棚，显然是匹野马。他解释说，他问遍了所有人，既然没人认识这匹马，他决定找到失主前自己先养一段时间。
>
> 邻居说道："你可真幸运。昨天只有一匹马，今天就有了两匹马。"老农夫说："也许吧，再等等看。"
>
> 第二天，老农夫的儿子试图骑那匹新马，结果摔落了马背，跌断了腿。那天傍晚，邻居说："你可真不走运。你儿子不能帮你干农活了。"农夫说："可能吧，再等等看。"
>
> 第三天，部队穿过这个村庄，征收年轻壮丁去参军。老农夫的儿子由于摔断了腿，部队没有把他征走。邻居又说："你可真幸运。"农夫也说道："大概吧，再等等看。"

老农夫究竟是幸还是不幸，在故事里，两者皆可，要看你怎么看这个故事。故事思维随着观点的变化而改变着决策，而不是在一些模棱两可的部分中得出错误的结论。我们知道一切都会在明天发生变化，所以我们不如依赖亘古不变的因素——意义和普遍真理。激发人们感情的故事传播着真理，这些真理在你我存在之前就一直存在，在你我消亡后还会继续存在。

西方社会一直以来花费大量时间和精力将情感排除在决策之外，但缺乏情感的决策往往也不受人们的青睐。故事思维并不是要将情感**重新加之于**决策之上，而是让我们学会利用在人类诞生之始就长久存在的情感。

利用故事思维可能会让人觉得不太靠谱，但我的一位心理学家朋友这样说，一个盲人不会因为重见光明后，看到一些自己觉得恐怖的事物就自废双目。故事只不过展示了原本就有的情感推理规律，让你选择最佳途径到达目的地。

本书的目的就是帮助你将故事作为可依赖的手段，为此打下基础。对一些人来说，他们一生都在追求客观和理性，在决策中掺入情感因素会让他们觉得十分不安。

在工作中讲述故事可以唤起在做决定时被长久压抑的感情因素，对一些已经确信情感无用的人来说，他们可能会感到害怕。故事是十分有效的手段，当你激活了新的故事，你就能引导人们接受新的观点，改变行为，如此，你也就改变了你的未来。

第二章 故事就是经历

故事是最好的老师——过去一直是，将来也是。经历可以改变人的思维模式，调整决策过程，使行动前后一致。

如果可以随意把我们想要影响的人放进一个特定的环境中，我们就能改变世界。想象一下，将一名软件工程师放进一位客户的日常生活，让工程师体验自己设计的系统，感受系统漏洞所带来的苦恼。还可以更好，让一位政客进入一个低收入的单身母亲的生活，让他体验一天这样的生活。幻想这名政客——平日都不亲自取干洗衣物的人，在超市里带着三个任性的孩子购物，凭着自己的最低工资买新鲜水果和蔬菜。这名政客怎么可能会忘记这个经历？

直接经验正是斯克鲁奇式（吝啬鬼）的教育方式：让一个目光短浅的老板、同事、顾客或是少年，穿越到特定的时间和地点，在他们脑海中留下一些难忘的经历。在我们的意识层面之下，个人经历能够带来更深层次的理解，让人真正产生同理心，从而有勇气挑战固有的社会地位或是政治。就好像让一个投资人在贫困国家的小作坊里工作，然后再询问他是否可以提高工人们的工作条件。

然而，这种影响他人的最有力手段——亲身经历，却在大部分情况下并不可行。即使人们急需跳出自我狭隘的视角，绑架他然后把他放在特定的生活中也是不可取的。你能做的最好的选择就是给他讲述生动的、富有影响力的故事，让听者仿佛身临其境，将这种可以让人改头换面的经历带给听者。

> 对于听众而言，一个故事就是一次亲身体验，即便这种体验是间接得到的。因此，我将故事称为一种再想象的体验，加入细节和感受，让听者进行想象，就好像亲身经历了一样。尽管还有从文学角度和文法角度来讲的故事定义，但这些定义将焦点转向了故事的影响和改变人们观念的层面。

你可能没有注意过自己分享自我经历的次数和时间，但你讲述的每一个故事都会成为一个潜在素材，人们消化新信息的时候可能会用到这些故事。每一个战争故事、趣闻轶事、评论文章都能为你所在的社群创造出文化氛围。其他人心中有关你工作、个人、社交的故事会是你获得成功的关键。这些故事甚至能主宰你对自我的看法，因为这些故事能够体现世界与你的互动程度。

也许你一直都是依据数据过日子，将感情排斥在外。然而，利用大数据进行的推演，也被证明数据和事实过多只会让价值递减法则生效，让我们进入一种“不堪重负”的状态。我们的大脑需要利用故事模式分析复杂的事情，但我们每天都要面对大量复杂程度不断上升的数据和经验。故事思维能够帮助我们区分数据重要与否，也能根据我们的观点判断数据是好是坏。现在复杂和模糊的数据处处可见，没有主动的故事思维，我们就被动地用推测进行理解，也不知是否正确。

我们每天都在讲述的故事

实际上，我们不用特地学习怎么讲故事，因为我们每天都在讲故事。这本书的目的实际在于，让你**留心自己所讲的故事**，这样你就可以调整构造和支撑故事的那些观念。大部分情况下，我们意识不到自己在讲故事，我们更难意识到这些故事在深入地影响着我们的生活。

遗憾的是，我们常讲的故事只是在抱怨自己的压力太大，或是某人太愚笨，或是抱怨自己在飞机上或机场里的遭遇简直太糟糕。在高科技充斥的社交中，这些很难博得他人的同情。大多数人都没有意识到，我们在会议或是面对面的交谈中发泄了过多的不满情绪，或是分享了太多有关冲突的故事。我们确实需要发泄不满，也许讲述这样的故事确实能奏效，但却不要在我们想要打动的人面前这样做。

你**已经**在讲述着故事，有关你是谁的故事，有关你为何在这的故事，有关你预见的、珍视的、宣扬的故事，以及你对他人内心想法的故事。只是你还没有意识到你的故事有多重要。为了引起我们的注意，接下来我们将审视我们所讲的六种故事，观察这些具有影响力，激发想象力和促进创新的故事。

“我是谁”的故事

什么样的特质能让你影响一个你想影响的人呢？讲述一个时间、地点或事件，证明你拥有这些特质，显示自己有人情味的一面。你有孩子吗？你儿时是什么样？你的父母教会了你什么？你在第一份工作中学到了什么？讲些个人经历。要想让人们相信你，首先要告诉人们你是一个怎样的人。

“我为何在此”的故事

当人们觉得你是来宣扬一个主张，以谋求钱财、时间或资源的时候，立刻会怀疑你的“事实”是有失偏颇的。然而，你可以告诉对方你工作并不只为了钱财。但如果你工作就是为了赚钱，也不妨大方承认。

教导故事

有些教训只能从经验中获得，有些教训要反复习得——比如耐心。你可以告诉某人应该耐心一些，但这却往往不会奏效。最好能够讲述一个有关耐心的故事，人们自然会变得耐心起来。有关耐心的三分钟故事短小而有力，比建议更易改变人们的行为。在三分钟内塑造人们的耐心，也只有此法了。

愿景故事

一个有关未来的、令人振奋的故事能让人觉得当下的困苦都是“值得的”。在一些大型策划中，或是迎接新的挑战时，那些无法参与决策讨论的实施者们往往会觉得困难或沮丧。没有相应的愿景，这些挫折变得毫无意义，也会让整个团队缺乏干劲。然而，有了明确的愿景后，一切艰难困苦都变成了为达成有意义的目标前的小磕小绊。但也要小心，因为夸大的愿景故事所带来的弊大于利。

“行动中体现价值观”的故事

价值观是十分主观的。对于一个人来说，正直意味着做好老板交代的事情，但对另一个人来说，正直意味着在错误的事前说“不”，即使丢掉工作也在所不惜。如果你想增进一种价值观，就必须通过讲故事来进行“示范”，解释这种价值观的意义，约束人们的举止。用假设的情境只会让人觉得虚伪和唠叨。要具体一些。

“我理解你”的故事

人们喜欢一团和气。有很多时候，其他人已经下定了决心，也对你的想法有着不同的意见，但他们不会跳出来大声说：“你说的是一派胡言。”但他们心里确实是这样想的。如果你能在故事中讲明他们内心的怀疑，首先承认然后再打消这种异议，你就能让对方产生信任感，而无须大声做辩解了。

如何选择那些有益的故事

正如之前提到的那样，如果我们根据人们日常所讲的故事来评判一个人的话，我们可能会觉得，大部分人都承受着巨大压力，他们是试图在繁文缛节和糟糕的决策中找到出路（我为何在此）的不被理解的可怜之人（我是谁）。他们渴望退休，或者想辞退某人（目标），他们也觉得，那些“拥有一切的人”根本不在乎“穷困潦倒者”的死活（在行动中体现价值观）。他们不知不觉中散布出去的故事都是在告诉周围的同事，无论怎样努力都是改变不了现状的（教导），因为他们尝试过了，却也失败了（我知道你在想什么）。

我希望你能更谨慎地讲故事，讲述一些有益工作、家庭、社区的故事。当你留心我提出的这六种故事时，你就能更有目的性地加入有益目标达成的看法，而不是火上浇油。

假设你想和新员工构建信任，或是和不满于改组的老同事增加互信，最好的办法就是通过实际行动去一点点改变。人人都同意这一点。人们希望看到一个人信守契约，刚正不阿，守口如瓶。但是信任的建立需要花费很长时间。信任破裂时，人们常有事后诸葛的毛病，或是消极抵抗的恶习，改掉这些要花费的时间就更长了。

你需要通过故事来达成合作。尽管你花费了大量时间构建信任，但是大多数情况下，人们看不到你是在何时、以怎样的方式做着对的事情。现实中，很少有人能看到你是如何尽力信守契约的，他们往往不在场，也看不到你力排众议保护自己的团队。大多数人都不知道你为保护他们付出了多大代价——至少不会亲眼看到。如果你不告诉他们事情的经过，他们只能从零碎的日常交往中猜测你的为人。他们只能看到你的一部分——经常是断章取义——即便工作得很辛苦，这些也不能体现出你的真正品质。

想象在平凡的一天，你醒来时觉得接下来的一天会十分充实。结果，孩子弄洒了麦片，宠物狗又爬上了你刚穿上的裤子，不知道哪来的白痴开车加塞儿。和往常一样，这一天充满波折。到办公室也不太平，电话铃响起，通知你终于赢得了那位大顾客，你决定在当天下午的内部会议上和自己的团队好好庆祝下，或许你还买了甜甜圈。三小时之后，终于看完了昨天就应该看完的详尽的报告，你发现有几个员工居然在走廊里玩起了高尔夫。这一刹那，写封邮件，禁止人们在走廊里玩高尔夫成了你的当务之急。赢得新客户的兴奋头儿退却了，因此到了下午，你把甜甜圈丢在脑后，而员工内部会议也变得一如往常。

在这起起伏伏的一天中，你的团队**何时**感知到了你的状态呢？你高兴时、忙于工作时、状态最佳时，或是你失落时或沮丧时？大部分人在高兴时或高效工作时是不容易引起人们注意的，就像是融入了背景一样变得不显眼。只有我们想要纠正什么时才会引起大家注意。确实，西方文化最喜欢纠正。监控和纠正，监控和纠正。问题在于，这样一来你会给别人较为负面的印象。

这也是绝对正常的。我们的大脑天生关注问题所在，而不是建立关系、教导、指明目标、创新，或是解释误会。似乎人人都变得不可信赖。如果你不喜欢这个电视台的报道，那就换个频道。

当今世界，只顾事实和数据会让情感推理无处发挥。如果你不是带着目的讲故事，那么你会在无意间挫伤了人们的感受，减损了人们的感情，降低了人们的看法，让人们变得毫无目的，如此，消极看法喷涌而出，失败也接踵而来。

故事不仅仅要有目的，还要有人情味儿。事实上，你讲的每个故事都是你人格的倒影。即便是一个历史上的逸闻，你在讲述过程中进行的细节删节和你的姿态、语调也都能影响故事。如果你关心人们，在意成功与否，关注企业的成长或者其他方面，这些都是有人情味的，所以要展示出来。

生动的、充满细节的故事能让同事看到决策的形成过程。你可以利用活动挂图来演示矛盾所在以及复杂的问题。告诉人们你为整个团队点了比萨外卖，一直工作到午夜十一点。

人们之所以会抵触领导的决策，往往是因为他们不理解工作流程，或是缺乏宏观印象。如果你习惯了在故事中清楚描述重要决策的形成过程，加入决策人、决策时间、决策地点这类细节，员工与你之间的信任会逐渐建立起来，以防将来时间紧迫时，无须多言也能让员工理解。如果有那么一天，你需要发布任务，但是没有时间让你解释，你的团队会根据以往你讲述的故事，推断相信这次的决策和之前的决策一样，都是在深思熟虑的基础上做出的。

为了辅助你进行讲故事训练，本书第五章到第十章会提前告诉你一些误区，记录你的学习进度，让你积累起故事库，以备未来不时之需。每一种故事都专门有一章进行详述，让你对原则、哲理进行充分的练习和巩固，讲出好故事。

每章都会列出多个例子，教会你如何找到属于自己的故事。记下自己的想法，检验你的故事，记录自己的反思。到本书第二部分时，你就有了一套自己的思维习惯，善于发现故事，展开故事，让你适时讲出故事，让别人对你的观点心服口服。

发现故事能够塑造观念、看法、生活、事业的力量之后，你就能发现更多机遇，以此改变观念，改良看法，改善生活，改进事业。

第三章 如何讲好故事

故事这张无形的网决定着故事的受众和听众对故事作何理解。想象你戴上了一副神奇的眼镜，能看到你和听众头上冒出的故事泡，也能看到你们共有的故事，或是相互抵触的故事，这些都决定着听众对你所说的话作何理解。

一旦你意识到了这些，那么很明显，你和听众之间共有的故事越多，你们之间的沟通就越容易。你可以将自己要表达的信息进行删减，利用听众心中已有的故事表达出来，或者用新故事重新解读现状。一旦发现了这些故事，你就不会再忽略它们了。

你是否有过发出清楚的信息（至少对你而言如此）却造成了事与愿违的后果的经历，这可能是因为你没有找到可以传达本意的那些关键故事。知道如何理解故事之后，挑出可能会歪曲你本意的故事并不困难。

讲故事不仅在于讲，还在于找故事。有时，你要讲一个老故事，铺陈一个熟悉的背景信息，以此容纳新信息，有时，你要讲一个新故事，这样人们才能用新眼光看老问题。迎面遇到故事之前，可能你都注意不到它们。

用故事消除文化差异

文化差异可以解释故事中相互抵触的现象。从某种层面来看，文化其实就是一系列的故事。在美国，我们的故事告诉我们，如果我们大力推销自己，自力更生，抢先别人一步，才能获得成功。

然而有些文化更注重团体的荣辱而不是个人的成败，在这样的文化中，在团队面前滔滔不绝地讲述个人成就显然大错特错。比如在日本，人们觉得要成功就不能做出头鸟。在澳大利亚，有关佼佼者的故事往往会清楚地告诉人们，高人一头会招致灭顶之灾。

对一些难以解答的问题，故事能提供最佳推论，让人们得以继续平静生活。在工作上，我们必须在评判工作质量好坏方面达成一致，在评判人、评判分类、评判时间、评判地点、评判方式上拥有相同看法，在成败之间划出分界线，我们才能顺利地进行合作。故事能将情感和固定模式联系在一起，所以我们不用每天早上醒来后纠结一些有关存在的问题，例如："究竟是个人重要还是集体重要？"会令人感到有股感情指引我们做感觉"对"的事，远离感觉"不对"的事。这些隐喻让来自不同文化的人们在个人拼搏和集体努力方面抱有相同看法，从而减少了日常生活中的冲突。

要抱有故事意识，就要了解一个文化利用哪些故事来解释主要问题。拥有故事意识就意味着，即便在一种文化内部，不同观点和重要的亲身经历也会导致正面或负面的情绪，因此，当类似的事情发生时（或将要发生时），情绪反应会先发制人，让我们沿着故事发展的脉络见机行事。

故事思维能帮助你和抱有不同己见的人——当然，也包括你想影响的那些人，与之沟通自如。你可以利用现成的故事，让对方在熟悉的框架下理解新颖的信息，或者用新颖的（陌生的）方式传达已有的观点。

大部分情况下，讲故事就是利用你偏爱的背景来诠释一条信息。在本书开始，我讲了一个鹦鹉的故事，以此将你的注意力吸引到了一个众人皆知的道理上，即“我们需要人际交往，就像我们需要食物一样”，随之我又引入了一个关于“分享故事也是一种人际交往”的新故事。有人可能会说，“我不想听那个人是怎么杀死一只鸟的”，但这就是故事的本质——不能保证每个人感想一样。也许对于你想打动的人来说，没有一个故事是为其量身定做的，但讲故事总好过让人们随意胡乱猜想。

讲故事的能力也就是搜寻其他人故事的能力。例如，假如你想让员工感受到待遇公平，就留心员工所讲的关于公平与否的故事。他们的故事的寓意可能在于，只要努力工作就应该得到回报，或者是工作努力与否并不要紧，谁能带来最大业绩，谁就应该得到最多的收益，收益和努力无关。

还有，有人认为好的收益就意味着大家均分收益，但有些争强好胜的人则认为应该多劳多得，按工取酬。让性格各异的人接受一项新的薪酬结构是十分棘手的。据说，律师事务所通常会有三种薪酬方案并行：一种是过去使用的，一种是现行的，还有一种是将来会采纳的，因为不同的人有不同的故事，人们对薪酬方案的公平性有自己的看法。

一旦你发现了接受度最高的故事，可以将这个故事加以润色。发现故事能刺激人们的情绪反应后，你就应该充分利用起这种情感。

你可以创造新体验或环境，从而让人们有新故事可讲。经验仍旧是最好的老师，对大部分人来说，一想到意见箱，他们要么翻眼表示不屑，要么会说“哦，是吗”表示怀疑。这个时候，你会讲述管理部门对收集上来的意见视而不见或强制人们提意见的故事，还是告诉人们“我们需要大家的建议，我们会奖励大家有创意的点子”，这两种方式可能产生截然不同的后果。

想让新故事胜过老故事，就必须制造一次足够精彩的情感体验，让人们津津乐道。比如，朋友告诉我有位高层经理给所有员工发放了两张“宽容券”，员工在尝试新想法时犯的错可以一笔勾销，并且，这位高层要求员工在年末前用完所有“宽容券”。我希望，员工验证高层的话时，也就是真正犯错时，能有个不错的体验。后来朋友跟我分享了故事，证实了这个高层言出必行。

你可以抓住每一次用故事打动他人的契机。在工作上，每一次误解都是听故事和讲故事的机会。对一些现实的不满突然变成了探寻这些行为背后故事的动力，这些故事支撑着这些行为，你要么会放下自己的不满，要么找到自己的故事来打动对方。

当你放下矛盾，和人们协商出一个共享的故事，让每个人都觉得队友和自己勠力同心时，你就能继续前进。实际的应用很多，让我们首先从最基本的开始。

◤ 开始练习讲故事

你的目的是讲一个让人感同身受的故事，从而让对方产生情绪反应。讲故事是艺术和实验的结合体。我也想给你发几张宽容券，因为你讲的故事并不都能达到预期效果。或者，你可以给我几张宽容券，因为和所有的创新一样，讲故事充满风险，有成功也有失败。减少失败的第一法则就是要遵守讲故事的原则，不要超过三分钟。假如不成功，故事也能很快结尾，你能进行适应和调整。

我一直以为，假如不分享自己的个人感受，你也不会触及对方的个人感受。对某件事我们总是有自己的看法，也正是这种看法塑造着我们的情感推理，讲故事的水平高低与你是否愿意分享自我看法有直接联系。讲故事就是一场说者与听者的舞蹈，你要说“我先来”。

为了打头阵，你要找到一些能在风险较低的环境下讲的好故事。意识到讲故事的重要性之后，想要真正开始讲故事，中间还隔着一道鸿沟。这就是我们丢下假设，投入现实的时候。你可以只讲自己，讲自己的故事，或者你对**成功**的定义。

你可能已经发现了，这本书不会对成功过分解读。成功可能意味着你通过努力让工程完成或者让某个计划停止，也可能意味着你的公司业绩翻倍或你的公司为了保护他人权益而故意放弃收益。成功的定义由你来书写。只要你清楚自己想要什么，知道自己想要打动谁，就可以开始行动了。

练习是提高讲故事能力的最佳途径。体会到自己故事的魔力后，会让你觉得无比满足，你甚至都不用提醒自己讲故事——讲故事会成为你的习惯。

一开始，你难免会犹豫，觉得“我讲不好故事”“这太花时间了”“讲个人经历可一点儿也不专业”，或者“我还有正事要干呢”。这些只不过是逃避不适、不确定和风险的表现。我十分了解逃避。作为一个作家，我会这样逃避，例如“你查阅邮件了吗”“到网上查查看”，或者“你启动洗碗机了吗”，或者是最糟的“冰箱里还有什么吃的”。有些时候，我们必须下定决心“放手去做”。

从哪里找到属于你的故事

你可以在网上搜索个案分析或时事，这些事件都是不错的例子。但故事需要的不仅仅是事例，好故事要撩拨起听者的个人感情，其窍门在于，找到一个你觉得十分有意义的故事，随之融入你自己的感情讲出来，听者也更容易全心全意融入其中。

情感交流和人际沟通增进你的沟通力。当你的观点深深留存在人们脑海中之后，他们将来也会借由这个故事的观点看待事情。

在专业化的大背景下，人们常常忽略一个细小却关键的区别。有些人觉得讲述个人经历有些不合时宜。当然，有些事情是过于私人的——让人们感到局促不安或促使人们高喊“说得太多了！”就是这样。然而，只要对话中涉及“人”，大多数个人经历都无伤大雅。

讲述亲身经历有个好处，就是易于记忆。毕竟，你亲历了所有细节，你也能够回答人们抛出的问题。故事的细节一定要引起人们的好奇心，提问往往能引出一个绝妙的故事。假如讲述路易斯·郭士纳（Lou Gerstner）在 IBM 的经历，你很难回答一些细节问题（除非你就是路易斯·郭士纳）。因此，为了讲好这个故事，你必须对幕后故事了如指掌。

真诚互动是指，讲述亲身经历，或者对他人讲述的故事报以真实感受。分享亲身经历不仅能赢得他人的信任，还能传递亲和信息，发挥影响力。为了简化和加快讲故事的流程，我将列出四类故事，分别讲述你是谁，你为何在此，你的目标、教育意义、价值观，你心底的同感。如下：

1. **你自豪的时刻**。这类故事能引导人们做正确的事。如果你想宣扬正直这种品质，或者传播同情心这种价值观，或是鼓励学习，可以讲述这类故事，在你人生的某个时间，做“对的”事最不易，但你顶住了所有的外部压力，选择做“对的”事，取得了不错的结果。你经受住了考验，选择了正确的路径。

2. **你失意的时刻**。这里讲的是有不好的事情发生，而错都在你。尽管听起来有些别扭，但与那些精心架构、精心总结的故事相比，公开错误能更快地赢得对方的信任。你之所以会分享个人失意、错误、尴尬的瞬间，是因为你相信同事，愿意做先开口的那个人。很多时候，正因为双方都不愿意开口，信任才难以建立。当你先迈出第一步时，谈话自然会发展下去，人们也会更愿取信于你。不要担心你会成为人们眼中的失败者——成功人士往往都有失败的经历。这种故事奏效的原因在于，通过你讲述的方式和你的语气，人们能够看出你对自我失败的看法。这也显示了你的品质，因为这能显示出你克服困难、积极改变的努力。

3. **你的良师益友**。第三种故事是有关你生命中的关键人物，或是素未谋面却对你影响至深的一个人。你可以和他人分享一个颇受启发的经历或故事，以此分享宝贵经验。某人代表了你看重的品质，或是你的理想目标，讲述一个故事以表达对此人的欣赏或感恩，这不仅向对方宣扬了这类品质或目标，也向对方显示了你懂得谦卑和感恩，这两种品质是领导力的关键，也是人格尊严的精华。讲述有关良师益友的故事还有另一个好处，人们会认为你本身就具有这些品质，拥有这类价值观和目标，你总不能站出来说“我很谦逊”。

4. **一本书、一部电影、一件时事**。你可以从书籍、电影、报刊文章或其他媒体中找到无数可以表明自己观点的故事，还能把这些故事变得更富你个人特色。从电影、书籍、时事中找一个场景，以此为例，说明自己的主张。选择家喻户晓的书或电影有个好处，作者和导演已经下大力气触动感情、吸引人们注意，你直接加以利用即可。如果你要讲电影《独立日》（1996）的故事，你就不用为白宫爆炸加特效，导演罗兰·艾默里奇已经替你铺陈好了。改变故事的形式或风格（比如讲出你当初是怎么知道这个故事的），或者详细说明这个故事对你的意义，或者你分享这个故事的原因，你就能把这个故事变成你的故事。

当然，故事的来源不仅限于这几项，但这些是最简便的方式。就让那些学者研究情节类型和完美的故事线吧，你只需要用故事来传递情感。当你读到本书这四种故事的案例时，尽可能多地记下跃入脑海的想法。不要批判自我，从而止步不前，写下来也不意味着你会当众讲这个故事。把心底批判的声音关掉，让内心的罗盘导航，这样才能更快想出好点子，变得更有创意。只有当你隐藏真实自我，或偏离自我时，才会讲出不可信的故事。

这四类寻找故事的方法适用于所有情境。当你善于讲故事之后，你会发现自己最喜欢的故事来源，到那时，你就有了自己的一套方法。但这四类故事能在你刚开始讲故事时帮你一把。

◤ 接受反馈的技巧

如果你能在团队中练习讲故事，那你就有了现成的听众。而当你独自一人时，你要找到一个或多个听众，要找那些不会轻易“批评”你的人。乍一听，这可能显得有些懦弱，但耐心听我说完。

讲故事更像一门艺术。创新的过程会由于一些神奇的创新力量而果实累累，例如“想试试新方法”“灵光乍现”“点子不断”。发挥创造力是一个微妙而主观的过程，就像是驯服一个怕生的野生动物，声音太吵或突然的动作都会把它吓跑，过一段时间后，你可以通过加深了解让它驯服一些。我有一个作家朋友，他习惯把 5 支 2B 铅笔削得尖尖地写作，但特别讨厌他妻子把橡皮屑扫干净——往往是那些坚持着自己小怪癖的人才能找到创造的源泉。

他人的批判声有助于客观思维能力，但过早接触这些，却有可能抹杀主观创造力。有些艺术家会让人觉得有些古怪，这是因为他们清楚，只有特别的办法才能让自己灵光四射。关注新故事要像园丁照料新栽下的果树一样，最开始，果树需要水和阳光，若是修理枝条则操之过急，果树在真正生长起来前就接受修枝会变得枯萎，久不见阳光也会凋零，浇水过多则会把树淹死。

同理，故事也一样，故事就像需要水和阳光的小树苗。过早批评会打击讲故事者的信心，也会让积极情绪消散。我觉得批评的内容时常与批评者的主观情绪有关，而并不是真正关乎批评内容。如果你安全感十足并且情绪稳定，但讲述的故事却缺乏任何强烈感情，那你可能会需要别人的评价。但可千万别让社会压力和“我说得直你别往心里去”这类荒谬的话语挟持着自己，不要在你的故事变得精彩之前就去寻求批判。讲故事是个人的事情——当然也要用心，目的之一是重新把人情带回到我们的组织和人际交往中。

反馈这个词（比如说“我要给你些反馈”）已经不再是令人难以接受的字眼了，但可能会有点批评的意思。如果你不是靠讲故事谋生，我建议你可以向有经验的人询问“如何才能有效”，这是建立在道格·李普曼所著《指导讲故事》[①]一书中提出的赞赏模型之上的。

当然，向人们索要正面的建议比要求负面反馈需要更大的勇气，这并不是要保护脆弱的自尊，而是为了让你故事中精彩的部分继续发展下去。修枝理叶还为时过早，负面反馈会把新故事扼杀在

① 道格·李普曼所著《指导讲故事》（亚特兰大：August House 出版社，1995）

摇篮中。

找合适的人"试听"你的故事

为了检验你的故事，你得找一个或几个人来听你讲故事。只在镜子前或车里练习是不够的。故事的创作需要你的想法，也需要一个或多个听众的想法。为了更好与听故事的人互动，你每次讲的故事也会不同。如果没有人听你讲故事，你也就无法进行互动。

第一次试讲时，找一个"保险的"人听你讲故事，先找朋友、爱人、指导员这些同意在你第一次讲时只给出正面反馈的人做听众。第二次讲这个故事时，你可以选择在上班地点讲，也可以在"现实"情况下讲，但第一次讲时一定要保证"保险"。一开始，我们需要进行摸索，找到讲这一故事的方法。

无论你讲故事的水平如何，所有故事都有可能因不成熟的反馈和建议而扭曲。负面反馈有时会以"我能提个建议吗"的形式提出。有一次，我收到了一个"建议"，于是等到下一次讲那个故事时，我去掉了一个细节，整个故事因此变得平淡无味，因此我又把细节加了回来。从那之后我就明白了，那个人之所以提建议，可能是觉得那个细节是他自己在意的。

我曾这样讲："阿凡提本无心用语言俘虏人心，他只是在即兴发挥而已。"有人认为我的措辞似乎让"即兴发挥"听起来有些狂妄。我觉得无所谓，只要不云山雾罩、漫无边际地讲话就可以。接受批评后，你能察觉到更多的是听众的心病所在，而不是你的故事好坏。赞赏更易帮你找到故事中精彩的部分，其他的部分则会自行削减。

讲好故事的诀窍在于，在初始阶段要鼓起勇气保护自己的创新过程，不受批评打扰——不受自我批评和外界批评干扰。利用以下例句询问故事中的闪光点：

“你的故事告诉我，你是……”

“我喜欢的故事中的感官细节是……”

“你的故事让我想起了……”

“我能看出你的故事在（某个特定情况下）能够影响……”

只寻求积极的反馈，这听起来有些任性，但过一段时间后你会发现，这么做是极为必要的。保护自己创新的过程需要更大的勇气，在生活中的其他方面，你也需要鼓起勇气坚守原则。

第四章　进入故事模式

我辅导高管们讲故事已有20年的经验，我发现大部分人的思维习惯都会让人变得更理性、更有逻辑、更科学。然而，这些思维习惯也导致你不擅于讲故事。要想变得擅长讲故事，就要在理性思维和故事思维间自由切换。

以下是一些过去常见的观点：

1. 手段好坏的标准之一在于是否总能达到目的（有效率最好90%以上）。

2. 事实更准确，因此比逸闻趣事更有价值。

3. 解决方案和问题根本之间要有直接联系和逻辑关系。

4. 结果和努力、投入之间总是成比例关系。

这些思维习惯可以让你保持高标准，不掺杂个人感情，也不会感情用事，不必总是浪费时间设计解决方案。

然而，让人们经历莫测的情感变化，从而让其有属于自己的体验，以此让人们对我们的想法有感情的回应，这才是我们的目标……所以，我们可以尝试暂时放下自己偏爱的思维习惯了。

70% 满意的故事

我们常常把好作品和高标准之间画等号。如果你正在制作一台机器、设计一个系统等，那么这种想法是对的。但是，讲故事（或是设计符合用户体验的事物）都需要经过许多失败才能设计出让听者（或用户）感到舒适、一眼就爱上的作品。第十六章将有更多用户体验设计的内容，以便让你了解这种手段。可以说，任何故事都不能保证百发百中。

我们习惯了搜寻证据、追求卓越（零缺憾），利用线性分析方法比较和对照选项。这类思维方式能防止我们上当受骗或被误导。然而，为了找到一个拥有感情价值的故事，我们必须暂时从搜寻证据的压力下解脱出来，因为感情无法测量。想一想：如果你的配偶说："你爱我的话，就证明给我看。"你会如何做？给配偶买辆车，让自己的母亲别多管，还是帮忙洗碗而不是只买花回家？答案往往是：依情况而定。由于缺乏具体细节，一些信息看起来过于模糊，因此人们往往不知道该如何应对。讲故事依靠的就是一些细节，这些细节能传达出难以逻辑归类的直觉、信念、信仰。

在主观世界中，任何事物都不可避免地加入了一些幻想。实际上，我们听到和看到的事情多半都与其真实状态有偏差。问问一个人是否觉得婚姻美满："你爱你的爱人吗？"若是在周五晚上浪漫晚餐之后，对方可能会回答"爱"。而到了周六早上，就是因为他或她的“真爱”用完了汽油还忘记加油，你可能就会觉得婚姻美满的那位心里除了爱，估计还充斥着其他感情。关于感情、价值观、态度的一切问题，都可以“依情况而定”。

组织活动时，我觉得自己的发言很高明——有时候高明过了头。我也确实很高明，我写过几本书，大人物们也总邀请我帮助他们做决策。接下来我要讲一个故事，有一次我在夏威夷观赏到了壮美的日落，第二天早上我起得很早，又跑到看日落的地方等着看同样壮观的日出。可直到阳光快要晒到我的后背时我才意识到，太阳西落，却从东边出。

我想“证明”我是大智若愚**还是**大愚若智，全都在于讲述故事时的情境。要想进行人际交流，就是要讲讲好与坏，精明或愚蠢，慷慨或贪婪。实际上，将你的缺点全部掩盖的故事并不会那么引人入胜，之后我们再详述。

你能够暂时接受情感的模糊不定后，就不要再用理性思维要求前后一致的标准来衡量讲故事的行为，因为人无完人，也就并没有完美的故事。放下追求完美的目的吧，只求新故事能有70%的有效率——故事的成败与太多不可控的变量有关。在一些情况下，讲故事时运用的技巧，例如“自信的”语调，可能会为故事增色，然而，也有可能疏远了你的听众。

没有故事能够完全达到你的预期效果，感动所有你想感动的听众。对于那些仍在追求完美无缺的人来说，应该调整对故事的预期，一个故事能让70%的听众满意就好。有了70%这个目标，我就不再有太高的期望值，有利于我在讲故事时有更大的发挥空间。

只会一道菜可成不了大厨

经历了越多的冒险越容易成功，因为你会有更多的故事，这也意味着你更能容忍不完美。想象一个身价百万美元的棒球运动员：即便安打率达到 0.300，还是意味着他们有三分之二的时间会三振出局。降低对命中率的期待后，你就不会因为一个故事的失败而轻易放弃讲故事。和所有的反复测试一样，讲故事然后记录结果，决定要么继续讲这个故事，要么换个新故事讲。

尽管好故事都有着某些相似元素，但集齐这些元素却并不一定能构成好故事。有些人用“配方”的方式讲故事，我有时也会这么做。我最喜欢的故事配方来源于讲故事老手唐纳德·戴维斯（Donald Davis），他说一个好故事由三部分组成：旧规矩，中间的波折，新规矩。

文学或剧本提供的范例也很有用，例如故事线八点法[①]：背景、触发、探索、意外、选择、高潮、逆转、解决。但我发现，像你我这样的人太容易陷入错觉中，以为找到了所有部分，再把它们按顺序拼凑起来就能形成一个好故事。事实要复杂得多——我们必须再现真实感情，利用想象重新体验故事，首先打动自己，才能用故事打动他人。

---

① 奈吉尔·瓦茨《如何写小说》（伦敦：英国霍德教育出版社，2006）

◤ 亲身经历是最好的影响力故事

人们教育我们要小心经验之谈，但这也恰恰证明了具体、实在、第一手的经验所具有的影响力。逸闻趣事打开了我们的视觉、听觉、味觉、触觉和嗅觉——这些正是我们身体行动时所要遵循的标准，决定着是要躲闪还是要迎击。

事实可比不上感情，对于我们不相信的事实，我们会嗤之以鼻。一场恼人的体验或是一个可疑的小细节都会导致不信任感。当你意识到情感经验会远远高于统计数据这类抽象概念时，你就会明白，讲个富含情感的故事效果会好得多。

这种延伸的**故事**定义能将搜索网扩大，检验各种经历，这些经历或许并不符合故事配方，或许与主题无直接关联，但却能为你的演讲、面对面会谈、电话会谈增加深度，增加感情交流。

微软公司网站上有张项目经理的图片，图片上的他正在做自己感兴趣的事——被酒桶环绕着的他在细品一杯红酒。红酒和项目管理有何相干呢？一方面，这让他的形象看起来更真实，更立体。这也会说明他坚持高标准，富有耐心和洞察力。一张图片中的“故事”将微软员工塑造成一个有兴趣爱好的活生生的人，不证自明，这就是人们分享这类故事般细节的原因。然而，这既算不上一个事件，这个“故事”也没有真正的高潮，或许你会认为“这算不上故事”，我只是希望你能珍视自己的经历，这比任何由配方构成的故事都好。

我们渴望和自然的亲近，渴望和他人的交流。我们谈论天气或是问“这次旅行如何”时，这让我们和现实世界紧紧相连。再有人询问你的旅行如何时，不妨做个实验，分享一些特别的经历，例如，你和别人的一段对话，你的观察，甚至对食物做简短的描述，再看看这些是如何点亮了你们的沟通。激活想象力，这会让我们颇为一振。如果你反应够快的话，甚至可以提前讲一个逸闻趣事来挑起人们的感情，这大大促进你们的互动。

用技巧和诀窍处理那些没有思想的事物很有效。然而人们**有**自我的思想，并且人们想法多变，利用泛泛概括的操作手册或计划不仅不会更有效，反而会降低效果。磨炼自己搜寻强烈感情的能力，搜寻奇特模式的能力，这比标准化样板有用多了。

如果你想训练大脑“用故事思考”，首先，你要让大脑从图表、度量衡、电子表格中脱离出来。这些用以总结的工具正是阻碍你想象，阻碍你用故事思考的罪魁祸首。故事是对真实经历“预先消化”“提前总结好”“提前下结论”综合复述。之所以会涉及想象，是因为个人体验往往是模糊的，这也是因为现实生活本来也是模糊的。故事不会排斥人们的主观理解；相反，故事鼓励听者一起参与进来，为故事赋予新的意义。故事给了人们自行总结的自由。有些人排斥先入为主的观念，但当你引导他们观察你注意到的东西时，他们就有可能和你达成相同的见解。

当然，试图通过逻辑来控制人们的看法会让对方戒备心增强，会驱使对方离你越来越远。相比之下，故事能让人们站在你的角度看问题，再自行得出结论。

也可以用看起来不相关的故事来打动人

通过研究奖励和回报，我们可以在一定程度上预测人们的行为。我们认为是不劳而获的人，会对之进行惩罚或远离他们。我们也希望陌生人能以相同的标准来对我们，即便我们会因此冒风险（比如无法获得回报）。这种风险之一（经济学上的说法）就是充分信任他人。

讲故事会显露出自我的弱点，而这就是一种信任行为，也会让他人同样信任我们。一场严重的劳务纠纷陷入僵局，却会因为某些人的一席话而突然出现转机，或许他们会讲到为人父的意义，讲到了希望被秉承的劳动价值观。在这种特定情形下，这种在感情上赌一把的故事可能会提升信任，因此成功地避免了矛盾激化。

最近，我在排名靠前的两家军事学院中教授有关讲故事的课程。既然文化差异、网络让人们的观点越来越多样，人们的是非观念和惩恶扬善的方式如此不同，故事在引导人们互相理解方面就变得十分必要了。

军队利用故事来说明训练内容，增强领导力，甚至用故事感化士兵，让他们意识到违纪行为对受害者和整个军队的损伤。尽管我被少数历史学家批评，他们对“主观”这个词极为反感，但几乎每个有着实战经验的军官都本能地理解故事的力量，他们知道故事能够提振士气，促进沟通，统一行动。

我们已经不再囿于“如果你不能计算，那么你就不能控制”这种思想，我们渐渐知道，如果无法得出准确数值，我可以将其转化为故事，并以此掌控。很多人认为爱因斯坦说过这样一句话：“能被计算的不一定有价值，有价值的不一定能被计算。”当你认定故事是一种交流的方式后，你就不会再认为只有能控制的和能量化的才是可信的。如果企业的核心价值不是口号而是一些包含这些核心价值的故事，那么就意味着企业能够在行动中更好地贯彻这些核心价值。

大量设计初衷良好的测量方法让我们收集信息，分析数据，做出汇报，很多人忘记了创造引人入胜、发人深省、增进信任和尊重的体验。有时，你讲的故事和你看到的问题可能看起来丝毫不相干。

有可能的是，对分析情况的根本原因，你会取得不错的结果。当短时信息猛增，错误不断，生产率下降时，我们会搜寻数据源，分离最初的问题，找到根本原因，然后解决问题。但当问题是有关感觉的、主观的，或是感情造成的，利用根本原因分析法只会错上加错。

在电影《拯救大兵瑞恩》（1998）中，三名士兵陷入了对峙，每个人都把枪指向了下一个人的脑袋——陷入僵局，这个时候，指挥官坦言自己在战争前是名教师，他的坦白打破了僵局，他们放下枪，转而听他讲自己的故事。

第六章会有一个故事，人们因为不断的预算削减而愤怒，但通过将人们的注意力转移到一个故事上（实际是一首诗），让人们重新意识到，应该让付出的人得到应有的回报，从而保证公司能够继续运转，否则一切无从谈起。

提振士气不仅仅是解决面临的问题那么简单。工作中总是充满问题，当人们觉得自己有能力将问题从拦路山冈缩小到路上的小磕绊，士气自然会提升。问题难以避免，但员工过于消极的态度可以避免。

解决问题的方法有可能与问题本身无关。想一想成瘾行为。酗酒的根本原因就是摄入酒精过多，所以从客观来讲，为了消除成瘾行为，就必须停止饮酒。然而，这种方法的成功率却很低。相反，匿名戒酒会让人们进行小组体验，唤起了“更高层的力量”。这种聚会几乎全部时间都在分享故事，最终让人们有了相同的认识，这种更高层的力量能够让人们每天进步。

在 1961 年，约翰·肯尼迪讲了一个愿景故事，讲述美国宇航员将很快登月，并顺利返回地球。他借此降低了社会动荡和猪湾事件产生的负面影响，转而将人们的焦点转移到太空计划上。是的，有时人们会用故事干扰正常调查，但这也说明了一个事实，一个绝妙的愿景故事能借助人们对美好明天的憧憬，消除人们对负面消息的关注。

◤ 不仅要数据，还要情感

一般来讲，我们认为付出就会有获得，一加一通常等于二，然而，大脑的神经网却是非线性工作的。感情是非线性的，小小一瞥足以导致巨大情绪反应，而开一天会却有可能让人毫无感觉。三十张幻灯片放映过，也不等于人们接受了上面的全部信息。擅长讲故事的人关注能产生情感波澜的细节，也经常删掉虽重要但相抵触的部分，以此对听众产生理想的感情冲击。虽然为了一个故事删除几页幻灯片似乎有些轻率，但结果却常常超出预期。

在充满感知的主观世界中，小小的细节也能产生巨大的影响。想象一下，你的员工认真听你说明一套将要运行的计算机系统，耐心听了三个小时，你一走开，就看到两名员工不屑地翻白眼，用手一张一合地学鸭子“嘎嘎”叫的动作，对你的长篇累牍表示不满。哪个对你的影响更大呢？是员工三小时以来的认真听讲，还是那一瞬间的动作呢？这就是非线性的例子——小也意味着大。同时，大也意味着小。如果亲人的生命在流逝，你因请假丢掉了工作就显得不再那么重要，更重要的是陪伴亲人的时间。然而，对一个无病无虞的家庭来说，失业则意味着大灾难。

你既可以利用线性分析法，也可以利用主观、非线性的故事来提高决策质量。

如果一个雇主有四名员工，要将八小时的加班量分配下去。线性思维下的方案可能如此：八小时平均分给四名员工，每名员工要加两小时的班。而非线性思维方案则会将最近听到的故事囊括进来，包括约翰的孩子在这周过生日，比利为了买摩托车正在疯狂攒钱。所以你和别人商量过以后，决定让比利加班八个小时。尽管两种方案都能让人做出决策，但结果却会有差别。这个例子中，较主观的方案更行得通，因为顾及员工感情。当然，如果你从不听人们的故事，就永远不会知道这点。

做演讲时，让听众分享故事或自己讲故事，这能让人们抒发对一个问题的感情，由此可能会避免意外到来的负面效果。面对数字、直方图、电子表格时启用客观思维，搜寻故事、讲故事时就换上主观思维吧。

实际上，事实并不比人类感情有力量。感觉能够改变事实——至少能改变人们对事实的看法。如果事实让人们生气、沮丧、恐惧，他们倾向于怀疑信息的来源。相反，如果事实让人们充满热情，受人尊重，或受鼓舞，他们往往对事实则深信不疑。你见过人们过于兴奋，从而夸大了事实的例子吗？感觉会让人们夸大或贬低数据。

正确决策还不足以让全体行动起来，还要靠看法和感觉。没有故事来赋予数字意义，就算是大数据也会降低实用价值。如果人们是电脑，数据是可预测的。要记住，人类永远不会仅仅依靠因果公式行动，无论收集了多少数据，我们总是需要故事来理解和影响人类莫测的欲望和恐惧。

第二部分 成为会讲故事的那个人

第五章 感官细节让故事更逼真

即便你从未去过俄罗斯，我也能借一个故事让你感到身临其境，利用感官体验做基础，展开描述景色、人物、事件、结局。

我们可以利用感官体验讲述一个关于俄罗斯妇女的故事，她看上去无家可归，穿着褴褛的裙子和大衣，卖着一些小饰物、小手绢，而不是乞讨为生。你知道雪是什么样子的，你也见过穷困的老太太，你也在大城市里看到过无家可归的人们。如果你还看过《日瓦戈医生》（1965），那么你的脑海中可能还会浮现出火车的场景。

类似这些的感官认知都是故事的构成要素，当我讲述下面这个故事时，这些要素就会发挥作用：

> 在俄罗斯某些地方，有一部分老年妇女缺乏社会保障，因为俄罗斯自由市场的过渡实在是太短暂和突然了。数百万的人们都要靠接受救济度日，因为他们没有足够的时间进行存款，或是积累资产。
>
> 用更多感官信息让故事变得更具体，一个女人的形象变得鲜活起来：她站在冰冷的雨中，尽可能地用

> 一种挺立的姿势保持着自己的尊严。她穿着一件老旧的钩花毛衣，外面套着一件大衣。那件毛衣太过单薄，不可能保暖，上面只剩一个水钻纽扣挂在那里。我走过去买手绢的时候，发现她的眼神比我想象中要坚毅得多。

现在开始做修饰。脑海中浮现出带有感官细节的画面后，我就能择优挑选一些细节，以让她的形象撩拨起你的感情：焦虑、绝望、同情或不安。

一个民主党人可能会这样继续说道，社会保障对一个自由市场经济的国家至关重要，否则就不能保证人们能过上有保障的生活。一个共和党人可能会强调，在过去几年中，美国政府支出的津贴越来越多，不堪重负，而民众却学会了依赖政府，没有一技之长，不积极储蓄，因此变得老无所依。

每个故事都可以修改，每个故事都代表了人们对细节去留的主观选择。如果你希望听众得出和你一样的结论，就要用特定的感官体验构建一个故事，让听众由此得出和你相同的见解。

屡试不爽的感官联系

> 都市传说展现了一系列的情感关联，虽然纯属虚构，但也可以从中学到些什么。这些“故事”有哪些共同点呢？美国国家航空航天局（NASA）在太空进行性爱实验；诺斯特拉德马斯（Nostradamus）预测到“9·11恐怖袭击事件”；马桶盖下的蜘蛛；比尔·盖

> 茨散出家财；还有最离谱的，幼小的癌症患者需要你的帮助。这些故事都能让人产生强烈的假想感觉以及强烈的感情，能暂时蒙蔽了合理的推理。

人们第一次听说“有人在拉斯维加斯的一个浴缸里醒来，发现自己身上盖满冰块，肾脏被摘”这样的故事，他们几乎能感到浴缸里冰块的寒气，似乎还能看到那张让他们快给医院打电话的手写字条。陌生人在旅馆迷昏客人，取走客人肾脏——人们的前额叶还来不及怀疑这个故事的可信度时，想象力就先行一步让人产生了这种感受。

关于“马桶盖下的蜘蛛”的故事特别有意思。这个故事就很好地证明了，触发生理感觉能让故事更易传播。编造这个事件的作者借助生动的感官细节蒙蔽了人们的理性思考。

蜘蛛的叮咬“发生”在一家橄榄园餐厅（很具体——你知道的地方，即便你从未去过），是一只双条纹开普纽蛛（波氏菲蛛）（听起来颇具科学性的名字似乎合情合理）造成的。

一个听起来很逼真的旧闻成了可信的背景信息：多名顾客在同一家饭店用餐后都有了不良反应，不久便纷纷去世了。其中一个顾客是一名来自杰克逊维尔市的律师，他曾去过印度尼西亚（熟悉的细节引发出想象画面：律师、杰克逊维尔市、印度尼西亚）。他是因为臀部左侧的穿刺伤而死的。

这个故事激发大脑联系起了其中的关键点：嘿！那个蜘蛛肯定是藏在这个人的裤子里，在他去餐厅上厕所时咬了他一口，然后爬到了马桶盖底下。

我猜大多数人在读到这封邮件或听到这个故事时，都会收缩下臀部右侧的肌肉，好像在躲避一只蜘蛛的叮咬一样。当故事让听众有了身体上的知觉反应，并且还经历了强烈的情感体验，那么这个故事就会让人难以忘怀。

我所欣赏的一个人就懂得利用故事的力量，将数字变得活起来——受众分析和高级的概念模型都是十分重要的——虽然这些抽象概念并不能告诉你，什么样的感官体验能引出人们的见解，刺激人们的情绪。

经济学家史蒂芬·列维特（Steven Levitt）所写的《魔鬼经济学》一书就充满了利用读者情绪联想的故事（例如，“为什么毒贩总是和自己的母亲住在一起”和“房地产代理商和三 K 党的共同点是什么”），以此轻松地让自己的数据在读者脑海中形成了生动的画面[①]。

列维特在刺激感官和情绪方面可谓是大师，他将其和自己提出的问题、找到的答案相互关联。我曾在一个建筑业会议上听过他的发言。他在现实中讲述故事的本领甚至超过了书中的叙述。他以一个我称为“我理解你”的故事开场。这个故事放出了一个可靠而又鲜活的感官诱饵：放屁。观察他是如何用生动而具体的细节来推销自己的故事的。

> 经济学家最近做出了一项调查，这样问道：“一个经济学家最应具备的技能是什么？”70% 的人回答称

---

① 史蒂芬·列维特和史蒂芬·都伯纳，《魔鬼经济学：流氓经济学家百无禁忌的探索》（纽约：哈珀柯林斯出版社，2005 年）。

“精通数学”，只有2%的人回答“十分了解经济的应用知识”。[此处应有笑声]

我数学成绩并不好。我最近参加了高中同学聚会，我的数学老师德雷克塞尔先生还记得我的名字。

他说：“就是你在本来是五分制的微积分考试上拿了两分吧？”

我不情愿地回答道：“是的。”

很显然，我的分数是他所有学生中最低的……有史以来最低的。所以他才会记得我。

我在麻省理工学院的第一堂数学课上，我问一个同学说：“嘿，这个曲线d和直线d之间有什么区别啊？”

那人满脸同情地看着我说：“伙计，你麻烦可大了。”

我和同学间的差距太大，根本不可能赶上他们。我考虑自己应该怎么办时，突然想起了我的父亲跟我讲的一个故事。他当时在上医学院，他的导师并不看重他。显然，他的天资也并不是那么出众。我的祖母对父亲说：“列维特，你在医学研究方面并没有什么天赋。你有两条路可以走。你可以选择最热门的领域进行研究，努力和人们一较高下，或者，你可以选择一个无人涉足的领域，然后独领风骚。”

> 于是，我的父亲就此选择了专修“肠道气体”。实际上，他最终成了知名的“屁之王”。我用心记下了他说的话，然后寻找着属于自己的位置。《魔鬼经济学》之于传统经济学，就像是“肠道气体”之于传统医学一样。

列维特讲述了一个我们都有过的感官记忆：高中数学课。听众的记忆中会闪现出他们高中数学课的场景，这是一个在场的人肯定都有过的经历。我记起的自己数学老师叫杰克逊先生。（你的数学老师呢？）

列维特的故事十分讨喜，并且先发制人，打消了人们认为他在数学方面有过人天资的想法。他确立的那种反数学的经济学类型，与那些理论派的经济学相比而言，确实更有趣，甚至可能更高级。将他的父亲描述为“屁之王”则调动了我们儿时体验过的情绪、声响、气味，勾出了我们内心的童趣，有人提到和放屁有关的事时，我们总想窃笑。

通过这个简单的故事，列维特激活了听众的想象，阐释了自己的观点，并且引导着听众的预期，一步步走向自己设计的方向。激起听众的兴趣后，再拿出准备好的内容，这样一来，满足听众的期望值就变得更简单了。

列维特和人们交流时应用了和我们一样多的数据，甚至更多的数据。他积极地参与到现实生活中，他对他人的现实生活好奇地进行着探索，这让他在解释概念时，能够在脑海里很快找到一个故事来进行说明。那些没有勇气探索世界的人，也没有太多能够讲述的故事。

体验是关乎感官的

对听众进行分析和高级的概念模型虽然都很重要，但是了解有关听众的数据（数字化的抽象概念）并不会让你产生太多同理心，这样你也就找不到引发新观点的特定感官体验。讲故事要调动我们感知世界的五种感官——嗅觉、味觉、听觉、触觉、视觉，以此模拟出颇具影响力的体验。

当然，如果你在一个波动的市场环境中买进了股票，仅凭数字也会让你情绪大起大落，但这仅仅是因为，你将股价的波动和自己的现实生活联系在了一起：豪华轿车对比着旧车；香槟对比着啤酒；又或是自己 80 岁高龄时，退休在高尔夫球场休闲的画面对比着在商场做保安的情景。这就是数字换算成身体健康、精神状态后的现实意义，而现实能够刺激人们的感情。

亲力亲为的调查

仅仅调查目标听众的年龄层和习惯是远远不够的。你必须关掉电脑，收起市场调查，走出去和你的目标人群进行亲自交流，这样才能找到故事。

如果你想激活自己的创造性思维，就让自己的身体和感官活动起来。你的大脑可能渴望着数据这种虚假的明了，但你的身体却需要用视觉、听觉、嗅觉、味觉、触觉来激活感情。

在现实生活中体验到的数据背后的意义，能为你的故事增添更多细节，从而让听众有着更直接的体验。你可以走进听众生活的环境中，并且用切实感受到的细节告诉他们，你和他们的所见所闻相同，这样你们就真的站在了相同的角度看问题。这类全身心投入的调查能增加故事的可信度，增添创想，让你的故事更深入人心，更易让人信服。

威廉姆·C. 泰勒（William C. Taylor）在《纽约时报》上刊登了一篇文章，描述了那些能探测到故事的调查[①]。第二曲线资本公司的一项对冲基金针对银行和金融服务类公司的调查，他们让员工、分析师、监察主任、电脑怪咖、前台接待们统统走上街头，进行全身心投入的调查。

为了这次的“分头行动”，他们配备了数码相机、音响设备，还有崭新的百元大钞，就为了能记录下这次在银行或其他金融机构中当一名顾客的“有血有肉的体验”。第二曲线资本公司的执行总裁汤姆·布朗（Tom Brown）爱讲一个故事，那就是在美国大通银行开户时，他跟柜员说自己的上一家开户行是花旗银行。

大通银行的柜员说道：“我很惊讶你居然想转户到这里，我在花旗银行还开着户呢。”

布朗说：“企业犯的最大的错误就是追求平均数字。开户所花费的平均时间有多长？顾客的平均满意度是多少？平均数值虽然能说明一些问题，但也隐藏了不少问题。”

我们在探究讲故事的艺术时会发现，很多现实都隐藏在了平

① 威廉姆·C. 泰勒，《打破陈规，冷静一下》，《纽约时报》2006 年 8 月 13 日。

均值和数字之后。只有全身心投入调查才能带来“有血有肉的体验”，以此创造出精彩的故事。无论你的目的是理解听众，然后再影响听众，还是检验将来的行动，只要尽可能地深入现实，摒弃先入为主的观念，这就是最好的调查方式。

在尼日利亚，我有机会邀请当地妇女讲述她们内心关于力量的“故事”。我先讲了一个故事，是一个叫作“拉格涅尔女士”的英国民间传说，传说最后以谜题“女人想要什么”和答案“想要选择的自由”结尾。

然后我邀请在场的女性讲述一个最近让自己觉得十分强大的故事。一个女人讲到，她有财产支配权，能借钱给别人而无须征得丈夫的同意。另一个女人说，她要求一个傲慢无礼的医生重新检查邻居孩子的腿伤，医生最后发现并移除了孩子腿里的玻璃，止住了孩子腿上的溃烂。

一个伊斯兰教妇女这样讲述：一个学校的管理人员不承认她曾按时上交了一个学生的申请，她违背了伊斯兰教的习俗，让那名人员看着她的脸再说一遍他从没见过她。那名管理人员拖延了申请的流程，就是为了得到贿赂，她知道他在撒谎，直接揭穿了他。这件事让她觉得自己胜利了，觉得自己充满了力量。有关尼日利亚妇女的调查研究中的数字不会——也不可能——告诉我这些人的亲身经历。

那些想不出故事来描述自己的企业文化或顾客的人，都是闷在自己办公室里太长时间的人。

在一个糖尿病多发的社区里实地调查一个星期，而不是守在调查剪切板旁边，你一定会发现，那些教育人们养成健康饮食习惯的小册子往往实际上并无实效。营养师们也不得不承认，没人会阅读这些小册子，人们也从不着手改变自身的饮食习惯。如果所有的医学研究员曾和自己研究的“人口”一起生活一周或一周以上，就能发现更多有创意的精彩故事，对那些研究“肠道气体”的人，我们就更得心生敬佩了。

研究通常都是基于一些易于分离的因素而进行的，而不是基于那些易于改变行为的因素。当分离出“扭曲”研究的主观问题后，研究结果便丧失了所有主观因素，而正是这些主观因素影响着行为。以证据为基础进行的调查可能是精确的，但却错失了富有创意的点子，只有亲自观察人们的实际行为才能想到这些点子。

全身投入的调查很有可能拆穿人们所信奉的假设，暴露逻辑的瑕疵，推翻象牙塔。有时，故事让我们退后一步，这样我们才能向前迈进。在之后的文中，我会讨论当故事讲述不完美的现实，而不是只追求最佳状态时，可能会面对一些阻力。

与此同时，利用熟悉的经历和感受——也就是利用亲身体验让故事变得更加可感可触。如果一个故事让你无动于衷，那么这个故事也不会影响他人。

练习：制造感官冲击

练习在脑海中制造感官冲击，以此深入理解语言是如何激活大脑感觉区域的。

为了刺激人们的感官，让你的故事变得更加逼真，你可以在脑海中想象出一个砧板，一个在向阳的窗户下晒得暖暖的柠檬躺在砧板之上，果汁十足。你可以闻到柠檬皮清爽的味道。想象有一把十分锋利的刀，手起刀落，柠檬成了两半。看着这两半柠檬滚开，柠檬汁的珠子聚集，滴落到一起，汇成一小片柠檬水。现在，你既能闻到柠檬汁的味道，也能闻到柠檬皮的味道。拿起其中一半，再切一刀下去。拿起这四分之一个柠檬，放到嘴中，深深地咬下去；用嘴唇箍住柠檬，然后咧嘴做出一个大大的柠檬黄的微笑，让果汁任意流淌到你的下巴上。

发生了什么？你有没有觉得唾液腺在起作用？你的嘴里流出口水了吗？这是因为你的想象让你觉得真的有个柠檬。这就是有效的故事，这样的故事激活了想象的力量，模拟着真实的体验。

你的目标就是讲述一个激活听众想象力的故事，让他们（通过想象力）看到、听到、闻到、摸到、尝到你的故事，仿佛真的身临其境一般。这就是生动之处。如果做得好，你的故事可能会深嵌在听众的脑海中，就像亲身经历一般。

为每种感官列出一系列生动的、具有刺激性的描述，让故事更易虏获人心。你可能并不会常用这些列出的细节，但这种练习能让故事在你的脑海中变得更加生动。讲述故事时想象着这些细节，你会在讲故事的过程中重新对其体验。如果在讲述的过程中，你不能清楚地看到故事的发展，那么听众也就看不到故事的清晰脉络。

但是，如果你能看到、听到、闻到、摸到、尝到自己的故事，好像故事正在发生一样，那么大脑会将其神奇地体现在你的语气上、表情上、肢体动作上、手势上、时间把握上、斟词酌句上，以此在听众脑海里构建出画面。当你在脑海中重温故事的景象、声音、味道、触觉时，你的语气、姿态、时机也会轻松地衔接下去。

第六章 简洁的益处

事实上，简洁并不是省力，要做到需要花费很多时间和精力。正如歌德在一封给朋友的信中写到的那样：“如果我还有多余的时间，这封信本可以再简短一些。”

首先，我们先来找到阻碍简洁的根本原因。简洁的反面——模糊不清、连篇累牍、反复絮叨，或是其他让听众觉得无聊至极的讲述形式——之所以会产生，是因为你在讲故事之前没有将可预料的问题解决掉。同时，盲目追求完美的“原声摘要”或“电梯演讲”，而过于盲目地、过多地进行编辑，也会让故事删减过多，从而影响了故事的感染力。

你的故事是什么

简洁要求你对此时此处最重要的信息做出判断后，再进行编辑。相信自己的判断力也意味着你要信任自己的听众。当你克服进退两难的困境，选出最能体现你的为人和你为何在此的故事之后，这些艰难的抉择就会变得容易起来。选择可以带来最佳演讲效果的故事是一个严格的流程。梳理好矛盾的价值观，走过了隐藏的困境之后，为了简洁而进行编辑也就变得容易起来。

我曾在医院探望我的一位旧友。他和妻子因为经营健身器材生意而过着富足的生活，当他被检查出患有帕金森综合征之后，他们就变卖掉了自己的产业。

他被束缚在轮椅上，而他的妻子却装作一切如常的样子。她开始尝试节约家庭护理的费用。她认为他不用雇佣司机，因为她会开车，她也厌烦了要不停地买手机，觉得他如果小心一点，就不会总是把手机摔到地上了。

我坐在他床边，内心反复掂量着我对这一问题的解决方案，但这些毕竟只是“我的”解决方案。

或许有一天你也会如我那时一般。你所爱的人，或者你的同事，正在遭受不公平的待遇，但你却不能出面替他们解决。只有他们自己能解决自己的问题。

这和简洁有何关系呢？“哀其不幸，怒其不争”的矛盾情绪容易让人陷入不断循环的谈话。这些循环看起来似乎无穷无尽，新的主意被“是的，但是”的语句否定后，紧接着就是同情的话语，然后这又引出了更多身陷困境的例子，这又会引出催人改变的新想法，但是接着往往就又回到了“是的，但是”的原点。一旦你选择将一种价值观强加在了另一种价值观之上，你就只能陷入死循环。

我当时想的是：“你总要准备三个手机才行，因为你极有可能会把所有手机都摔坏。你可是患有帕金森综合征啊，拜托。”

但他的抑郁情绪让我感到吃惊，我很小心地将我的话放在一边，选择了一个符合他当时需求的故事。我选择怒其不争，而不是哀其不幸，这样能达到一箭双雕的效果。

我跟他讲了这个故事：

> 一家律师公司邀请我去加强他们的故事技能，一个年轻的女律师讲了一个关于自己父亲的故事。他当时是一个十分有名的诉讼律师，人们说他“发明了强硬的诉讼手段”，但他却不太会做父亲。
>
> 一天晚上，15 岁的她和同龄人一样，正在煲电话粥，她的父亲突然闯进了她的房间，抢过电话并摔在地上，苛责她说，他过去 30 分钟一直试图往家打电话。他又吼了几句，限制她每次最多只能打 10 分钟，然后就怒冲冲地摔门而出。我们能从她的表情看出这件事给她带来的创伤。
>
> 然后，她笑了笑，说道：“两周之后，电话公司的车停到了我家门前，为我装上了我的专用电话。我自己叫电话公司过来的，然后用我照看小孩时挣的钱付了费用，问题解决了。”

你能看到这个简短的故事，代替了教育人们往好处想的长篇累牍，代替了“亲爱的，你好可怜”的同情话语所带来的效果吗？讲了这个故事之后，我说：“如果一个 15 岁的孩子能做到，你也能做到。”然后我就闭上了嘴，多说无益，可能会减弱故事的感染力。我等着他开口说话。

这个故事起到了效果。

这是最好的简洁

你搞清楚问题的重点之后，才能更好地追求简洁。如果你从一开始就追求简洁，力图寻找“原声摘要”或“电梯演讲”，那么你很容易这样想：“我可没时间思考‘我是谁’‘我为何在此’‘最重要的价值观’这些废话。”毕竟，你会剪辑掉大部分的内容，不是吗？但是，从浓汤里挑出蔬菜，蔬菜的味道还是会留在浓汤里。

在前面的内容中，我邀请你寻找一些可能不会用到的感官信息，而这章所提到的内容，你可能从不会在讲故事时直接提到。这是一个蒸馏的过程，你按照特定的顺序，将复杂的问题和广泛的吸引力提炼成一个精彩的故事。你的所有投入都会转变成有光泽、有力度、有精华的故事，熠熠发光。

优秀的艺术家和作家常花费几小时的时间，追求涵盖一切的精炼表述，或是描画有丰富内涵的一根线条。毕加索最初的素描带有浓重的现实主义色彩，几乎能和摄影作品媲美，但其后几年的代表作却将现实主义删减掉，萃取出了极致的精华，其一幅画作就能代表无数层面的人生经历。他的画作《格尔尼卡》像电影《辛德勒的名单》（1993）一样让我热泪盈眶。想象一下将画作和电影精简到几个重要细节所花费的时间。

这是值得我们记住的一个比例关系：花费了数以百万计的金钱和小时只为创造一种体验。那些看起来毫不费力的画作和似乎很简单的故事，通常都是连年累月的努力后的成果。当然，有时一些绝妙的故事会出现在你的脑海里，你能顺势讲出来。大部分情况下，要创作出完美的故事，就要在自我反省和思考意图之后，对有血有肉的经历进行编辑。

格雷格·富森（Greg Fuson）是一名会务主管，他给我讲述了一个极其简洁的故事，说明了如果我们花时间问问自己“我是谁？我为何在此？最好的结果是怎样的？”之后，我们就能深入地沟通。

> 格雷格上台介绍第一届葡萄藤年度会议，想要建设社区的开发商们会参加这个会议，他们要建设的不只是社区的外观而已。他怀抱着自己的女儿。
>
> 他说：“我今年有幸两度成为父亲——第一次是在七周前，我的女儿安娜的出生，然后就是在今天，诞生了我们共同参与的这个会议。成为父亲之后，我对安娜的责任感让我肃然起敬：一个人对另一人的照料。我想到了社区的本质，在至纯的形式下，社区的本质就是这么简单：每个人都肩负着照料他人的责任。”

这就是最好的简洁。拿出你最长的一个故事，然后问问自己：“我想交代的核心信息是什么？”

◤ 让故事变得更简洁

大部分情况下，你会在私人谈话、演讲或非正式交流时讲故事。这就是练习变简洁的时刻。在不太重要的场合练习各种编辑故事的方法，然后在重要关头你就已经养成了简洁的习惯。练习的时候，你能发现破坏简洁的那些问题，如：由于内心矛盾而含混不清，由于你喜欢听自己说话而喋喋不休，过度的控制欲，或者缺乏准备。

要怀疑之前学会的那些劝说他人的方法。我们整个社会的文化和你所在的组织文化中，都有可能在你脑中强加了一些正式或非正式的演说范本，当你想雕琢故事时，这些范本就会自动跳出来。这些脑海中的范本有时会相互冲突。例如，为了避免模棱两可，你传递的信息带有太强的确定性，有可能会让你显得傲慢，或是缺乏好奇心。

◤ 不妨主观一点

我们有时要在会议上修改关于公司宗旨的冗长描述。还记得那些可怕的会议带来的痛苦吗？我们一开始带着很高的期望坐下来，结果却发现开始了文字游戏。所以，应当选择能尽快结束会议的语言，而非那些期待光辉未来的废话。

在一切追求表意清晰的文化中，仅仅提出主观问题往往会让人觉得模糊不清，或是过于简单。只有借助故事和比喻可以在阐释热情、服务、信念这类模糊的概念的同时，让人参与信息输入的过程。当一个群体寻求难以达到的清晰程度时，人们会不断地纠结措辞。

对于专业化的演讲和对恰当的定义，每个人心中都有自己的定义，而这些隐藏的定义有时会打乱你的阵脚。如果你心中的“精彩演讲”的模板就是一个极度客观的、线性的演进过程，所有的相关信息都有重点符号标记，那么你的幻灯片可能会有 70 张那么长，而效果却不一定如一个三分钟的故事。

检验自我：如果你要进行一小时演讲，叙述你最重要的计划，以及计划和组织目标间的关系，那么该怎样进行演讲？留意一下脑中接下来要做的事。最先做的是花时间思考，还是打开幻灯片记下几个重点句？

我知道一些大组织的演讲经常要用到 70 张左右的幻灯片，他们称之为“一套”。他们花费数小时调整数据格式，加入动画效果、图片和图表。我怀疑，他们并不知道这种例行公事演讲会对他们的思维模式造成影响。这些花费时间的事看上去好像是辛勤劳动，也造成了增加沟通效果的假象。但事实上数小时的调整格式、排序、演示的过程充满了不安和无聊，还不如出去散个步来的效果好。

关掉电脑，询问自己一些基本的问题。我是谁？我为何在此？我的演讲可能带来的最好结果是什么？这可能并不像真正在工作，因为你可以在想问题的同时发呆、散步，甚至可能还要运动，但就是这些工作才让你能传递出更有效的信息。

这些问题能暴露演讲中的不协调、自相矛盾之处，还能帮你找到冲突的价值观念。这就是你花时间询问自己问题的意义所在。解决不了不协调、自相矛盾、价值观冲突的问题，就是造成演讲过程支支吾吾、流于表面、细节冗杂的根本原因。

想象一个人力资源经理在会议上，对全公司管理者做售后服务现状的报告。这类重大话题可能会隐含某些自相矛盾和不协调的细节。比如，如果售后服务就意味着顾客永远是对的，而公司又宣称“员工就是我们最重要的资产”，那么他们的立场是相悖的。

人力资源经理可以利用图表、表格、顾客和员工的照片来充分支撑这两个信息，但她的故事如何讲呢？她故事的立场站在哪一边？如果一个品格卑劣的顾客故意践踏员工尊严，那么你该如何做呢？你是保护自己最宝贵的“资产”，还是信守“顾客永远是对的”，让可怜的员工忍气吞声？你所引用的故事，能告诉人们对你来说什么才是最重要的。

表明立场能减少焦虑

图表将现实排列得整整齐齐，故事可能会表示局面混乱，但也有助于解决这种混乱。避免现实中混乱的一面并不是保持简洁的唯一途径。表明立场能达到明晰、简洁的效果，也能显示出清楚、干脆的信息的力度。这就要求你既尊重听众，又信任听众。一旦这样下定了决心，你的演讲就变成了一个能给人留下深刻印象的故事，图表和数字也会精简到最重要的几个。

将员工的利益最终放在第一位，以这种理念支撑售后服务，这是一个相当有说服力的观点。这也澄清了前面关于核心价值观中孰轻孰重的问题。

核心价值观在某些时候会发生冲突。这就需要提前大胆地做出决策，当两种价值观发生极端冲突时，选出你心中最重要的那个。

拿出勇气，做出决定，这样能缓解你的焦虑，也能缓解因故事未完结而造成的焦虑。直到你认为员工重于顾客，质量重于数量，自由重于形式之后，你们就能够更为团结地追求共同的目标。

一个意味深长的故事，其简洁程度和清晰程度能让对方感受到你的真诚。和“商务无私事”的谬论相反，你首先要饱含感情，这样才能搅动他人的感情。信赖、忠实、热情、同情都是极致的个人感情，所以，你的个人故事能在极短的时间里让不近人情变成饱含人情。

第七章 在团队中讲故事

所有刚刚学习讲故事的新人都想找到重大的故事，以此抓住组织、候选人、品牌的核心，这也是他们心中的圣杯。在养成讲述个人经历的习惯之前，他们就想寻找到一个品牌故事，或是机构内部故事，让故事囊括撩拨感情的关键句，让人们反复传颂，疯狂传播开来。他们想找到一个既是个人的又是集体的故事，抓取人们关注，让人们得出的观点和自己预期的相一致。

9·11恐怖袭击事件之后，“自由在行进”的故事十分具有感染力和激励作用，这种故事会让人先入为主地认为，所有的异议都是“反对我们的”。理解复杂的真相要花费更多时间；这些真相似乎会延缓自由行进，因此人们将其理解为自由的丧失。

这个故事在快速传播，而传播缓慢和经过深思熟虑的看法则具有风险，甚至有些被动。但是谁会选择这样的故事？他们是怎样选出的？有哪些同样有力的故事也曾在考虑之列？了解群组创造故事、选择故事的过程，和了解精彩故事的特点同等重要。

被选中用来代表一群人或一个目的的故事，必然能反映出整个群体的决策过程的好坏，也能反映出整个群体的思维模式的优劣。

如果整个群组内部杂乱无章、相互冲突，那么讲出的故事也往往是杂乱无章、自相矛盾、软弱无力的。一个有凝聚力的组织，在面对逆境时能勠力同心、不惧风险、遵守纪律，那么他们则更有可能寻得一个富有意义的故事。

借鉴一下神话传说，这些较宏大的故事是一些原始意象的编撰，能触发更深、更个人的认知，因为这些故事突出了体验和反应的普遍规律，能够引起注意力，让人找到意义和归属感。恐惧是一种十分强大的心理规律，都市传说证明了恐怖故事能给人留下深刻的印象。有关爱、希望、信仰的故事则需要花费更多精力，添加更多画面感，甚至还需要相应的自我修养才能像恐怖故事一样传播得那么快。

如果群体塑造故事时是严格对“故事”进行分类或者公式化地拼接的，那么这会给你一个假象，让你以为自己深刻理解了集体的创造力和观察力。没有现成的公式能教会你如何统一群体意见，也没有一个“标准流程”让你明确知道缺少了话太多的人，话太少的人等。即便你仅靠一人之力就创造出了完美的故事，那么你还是需要让群体中其余人员相信，你的故事就是“最好的故事”。

了解了群体讨论可能出现的情况之后，你才能在左右推诿、翻江倒海的群体情绪波动中自由航行，找到故事创想。因为，一个好的故事，如果需要经过集体同意之后才能讲述出来，往往会缺失统一性和魔力。

这是创意还是怪异

我在做广告行业时，我的创意团队常常会让那些“有魔力”的故事变得令人惋惜，瞻前顾后的产品经理总是用客观标准衡量和评估主观的情感，这些故事就这样丧失了全部魔力。他们在找故事时，总是做最坏的打算，提防着人们误解，而不是寻找潜在的价值。

我还记得，我所在的创意团队曾设计过一个广播广告，利用了福特公司在 1994 年对澳大利亚网球公开赛的赞助，在背景音乐中加入了网球场的噪音，也加入了莫妮卡·塞莱斯（Monica Seles）击球时那标志性的怒吼。因为莫妮卡·塞莱斯在 1991 到 1993 年蝉联了澳大利亚网球公开赛的冠军，也因为澳大利亚人热衷于网球运动，我们很有信心，觉得广播听众一定会轻松认出这个标志性的怒吼声。但产品经理对此却不认同。他一直执着于一点，认为听众有可能会觉得这种怒吼让人心烦意乱。

创意团队成员眯了眯自己的眼睛，其中一个人倾了倾前身，问道：“到底怎么会让人心烦意乱了？”

创作底线已经明确划出，“顾客永远是对的”这种说法也大行其道，经过讨论后，在背景中播放“怒吼”也就这样一声不响地在那间屋子里被毙掉了。

这个音效可能有，也可能没有我们预想的效果，但这个创意之所以在剪接室里被毙掉，并不是因为故事本身的价值如何，而是由于群体争相掌握决策权而导致的。

有些创意经常看起来有些怪异，那是因为创意本来就是怪异的。我最喜欢的一个关于这类权力博弈的故事发生在 1978 年，是在可口可乐公司会议室里发生的。营销和广告方面的大师在命名一款将在来年推出的柠檬 / 青柠系列碳酸饮料时起了争执。

创意团队最推崇的命名是“美乐耶乐”（Mello Yello）。但产品经理对此持保留意见，他这样说道：“美乐耶乐……听起来像是街头交易的毒品一样。”创意总监差点跃过桌子直接站到他的面前质问他：“那你觉得可乐[①]（Coke）究竟是什么？”

人们习惯的客观思维可能会认为，减少歧义就能减少风险——但实则不然。歧义是我们真实生活的反映，因此会让故事变得更加真实。保留故事中歧义，再在低风险的环境下检验故事效果，然后根据反馈来修改，这样减少讲故事时的风险更好。

后文我们将会解析可口可乐公司的案例，他们突然改变了用于测试故事创想的方法，还要为此重新修改营销预算。

---

① 可卡因也俗称 Coke，毒品。

◤ 利用团队的决策能力，找到自己的意义

要选择恰到好处的故事，一方面要依靠团队的想象力，另一方面要依靠团队利用主观思维做决策的能力。但要注意，团队在面对图像、意象、情绪这类不太熟悉的领域时，经常会过度简化这些不可测量的价值，将其转换为某些可以计量的标准。这种依赖数字的做法并不能创造出好故事，只不过是让决策变得轻松了而已。

另外一种人们经常选择的逃避方式就是，过于依赖团队里最有权势的人的想法来决定故事。如果这人恰巧是个讲故事好手，那么这种方式也行得通。类似马丁·路德·金、亨利·福特、史蒂夫·乔布斯的天才领导人曾讲述过精彩的故事，激励了成群的人们进行行动，将愿景变为了现实。

然而，大部分像我们这样的平平之辈只能困于团体之中，在悖论、冲突的价值观、多元化中挣扎，这让我们在所有重大决策上都缺乏凝聚力，包括在寻求“什么是属于我们的故事”的决策上也是如此。这些团队倾向使用数据、规则、运算，只为了让自己的决策变得更加“理性”。

在埃伦·兰格（Ellen Langer）所著的《学学艺术家的减法创意》一书中，引用了针对“控制感的假象”的研究，她冷酷地解构了我们的思维定式，利用原则和认知框架来提高决策质量[①]。尤其是在商业领域，让决策过程更轻松的“惯例”可能会让我们错过那些看似杂乱无章的，但更引人入胜的体验。

---

① 埃伦·兰格，《专念创造力：学学艺术家的减法创意》（纽约：巴兰坦出版社，2005）。

我们的行为变得越机械化，我们的故事就会变得越缺乏内涵。

并不存在什么神奇的公式。生命中许多重要的事情都是模糊不清的、主观的。你的文化背景、年龄、社会经济地位、性格，还有最近经历的事件，决定了你的目标和对成功的定义。我曾看到过许多团队陷入激烈的争论中，似乎在寻找“正确”答案。

主观问题往往有着不止一个“正确”答案。要想找到一个故事，让目标市场用户觉得受到重视，取决于你们所处何处、所为何人，取决于你们所处的时间，取决于你决心影响他们的目的，取决于他们报以回应的原因。

所以在群体决策中，无论你是自愿选择了问题的答案，还是被迫选择了问题的答案，即便最终的结果并不是你想要的答案，你也一定要从自己的角度发现这个故事的意义所在。

数据确实能回答我们的一些问题。然而，我们利用典型小组、实验性活动来选择和检验故事创想时，或是直接讲述故事创想时，一定要清醒地意识到，从这一刻开始，一切都将由群体内决策人员的主观意愿做决定。在这样的主观环境下，我能提出的最重要的建议就是，要投入感情。

讲故事是个自我诊断的过程

为了讲述一个能体现“我是谁”和“我为何在此”的故事，我必须花些时间询问自己这些问题。通常，有些人在回答这些问题时会停留在较为肤浅的层面，并且所用时间也能短则短，比如：“我们制造能娱乐大众的电子产品，并且为公司谋利益。”

这只能引起一片鼾声。

个人进行自我反省时已经很难了，而让团队进行自我反省就更复杂了。以自我为中心的意识、过去的意见不合、意识形态差异，这些都会让群体中的每个大人变得像孩子争抢车前座一样幼稚。

我的朋友吉姆·西尼奥雷利召集高管开会，他讲述了精神分析师卡罗尔·皮尔森（Carol Pearson）所提出的 12 种原型（流浪者、战士、魔法师等），然后他邀请高管们各自选出一到两个他们个人觉得最适合作为品牌的选项[①]。之后，公布测试的谜底，人们看到了自己所选的原型的含义。那之后开始的谈话就是依据各人的选择，寻找统一目标。

这种自我诊断的过程让一些人感到十分恐惧，他们并不确定自己是否过着有意义的人生。同时也因为这个自我认知或自我反省的过程能够显示出你对组织或团队的信任度，是否相信他们是心怀善意的、言出必行的好人。

---

① 吉姆·西尼奥雷利，《品牌故事 2.0：用故事创造出众的品牌》（得克萨斯州：奥斯汀市，2014 年）。

回避深度探查的团队，可能是因为怕实在的自省过程会揭露内部的伪善和空虚，但若是为了搜寻一个极具说服力的品牌故事或组织故事，这种发现过程是十分重要的。当客观的、由外而内的“批评”思考方式换成了主观的、由内而外的“自省”思考方式，往往会引起焦虑，在大多数情况下，人们倾向夸大这种焦虑。但当团队甘于反省后，大多数人会发现其实情况没那么糟糕，自己的生活和工作充满了意义。

我倾向于在开场时，让团体内的成员讲述“他们是谁”“他们为何在此”的故事，并且要带有个人感情。分享这类故事在先，这会增进大家的理解，减少后来的矛盾。当每个人都明白了一个机构的愿景故事需要深入的挖掘，需要每个人感情的投入之后，整个流程就会有所改善。

第一次尝试讲述团队故事时有些人会充满了雄心壮志，因为他们的故事会讨论他们想要成为的自己，而不是现实中的自己。这些故事鼓励人们追求超出自我能力的目标，但也因此听起来十分虚伪。

想要成为更好的自己并没错，但讲述我们是谁和我们为何在此的故事不应做出难以达成的承诺。我曾听一位牧师这样形容虚伪，他说：“一个 14 岁的男孩在阳台上拉着女友的手，唱着‘我灵魂深处的翻腾全部是因为耶和华’。”

团队真正的信任来源于诚实。既然网络已经提高了信息透明度，你也能满怀期待地让故事跟上现实。通过讲故事来进行自我诊断，这能扩大团队的视野。接受**所有的**故事——包括那些揭露团队中不太理想方面的故事。你对现实的接受程度越高，你所讲述的故事就会越真实。

由内而外的团结

能够吸引人们将自身带入其中的故事能让人加深自我认知：这就是我，这就是我的生活，这些都影响着我所爱的人。

归属感和凝聚力互为因果。通常人们利用双方共同的因素增加归属感——种族形象、方言行话，还有其他猜想的、拉近关系的因素，将你归类为某一特定的人群。

这种方法的问题在于，这是一种“由外而内”的方法。找到能显示出我们的“内在”是同一类人的故事，这样就能加强相互联系。我们的“外在”联系其实并不牢靠，因为根据不同的区分方法我们也可能被归为不同类的人。但我们的“内在”有着相同的因素，能越过肤浅的外在区别，让我们在更深层面进行交流，这一层面可以用神话来说明，也可以用荣格的说法，即集体无意识。

“不和女神”厄里斯的神话就是一个很好的例子。大多数人们在某个时候都有过类似的亲身经历：

> 众神没有邀请女神厄里斯参加一个将要举行的婚礼。众神都想好好欢乐一下，而厄里斯却常常会制造麻烦。于是，厄里斯并不在受邀请的嘉宾之列。但厄里斯还是出现了，她往屋子中央扔了一个刻着“献给

最美的女神”的金苹果。

> 赫拉、雅典娜和阿佛洛狄特之间的争论彻底毁掉了婚礼。阿佛洛狄特承诺让特洛伊王子帕里斯得到“人世间最美女子”的爱，即海伦的爱之后，帕里斯王子将金苹果给了阿佛洛狄特，而这最终引发了特洛伊战争。

所有的团队中都会产生异议。人们会尽可能逃避异议，但“不和女神”却会随时降临在任何团体中和重大决策的现场。

这种异议可能是不请自来的，但也可能是受人们欢迎的。故意引发异议的好处在于，经过混乱的争论之后，往往能发现问题所在，如果能恰当解决，你们的团队会变得更加强有力。有着集体意义的故事能经受住团队内部的分歧，也能经受住来自团队外部的异议。

你和我并非众神（除了可能在周末过着神一样的生活），而我们都能理解厄里斯的故事，我们都经历过类似的事情。有时，我们是回避“麻烦”的人，有时，我们就是麻烦本身。当我读到爱德华多·加莱亚诺（Eduardo Galeano）的“我不相信慈善，我相信团结”这句话后，我开始越来越多地用**团结**这个词。

慈善是纵向的，来源于由上到下的评判。团结是水平的，有利于平等交流。当一个团队开始追求团结，那么这个团队就需要更多有力的故事，同时也会创造出更多有力的故事。

一个比较注重收集团体故事的团队，能够更好地让内部和外部的热情合拍。站在对方的立场行事：这样的调查之下所产出的故事，能让顾客、员工、捐助人重新感到自己是受重视的。

第八章 从不同视角读你的故事

若想找到真正具有影响力的故事，就要有游走于不同观点之间的能力。这也是一种任意穿越时空的能力，提高这种能力，你就能从多个角度“看待”自己的故事。这种技巧能从两方面提高你讲述故事的能力：首先，你要找到一个能让听众感到尊重的视角。听众会从你的声音里听出尊重，即使是脾气暴躁的人也会温驯下来。

其次，你可以从多角度重新审视对你来说最重要的故事。这种过程能为故事平添细节和深度，让故事从平面转换为更多维度的生动故事，这样也能让抱有不同观点的人表示理解。

不同角度审视故事也能让你感受听众所感。目的就是有意识地让故事变得更加有人情味。只有带有人情味的沟通才能让他人产生同感，从而也报以有人情味的回应。但如果你不是发自内心地喜欢，或不尊重自己的听众，将难以实现这一点。

人们能很容易感觉出你是否尊重他们。尽管只是些蛛丝马迹，但仍旧是难以遮掩的。礼貌并不能掩盖不敬，政治对话最能体现这一点。即便是在大部分时间都互敬互爱的家庭成员间，也偶有不尊重的现象发生。

语调、表情、肢体语言总能透露出你对观众的看法。假设一名中层管理者要向高层做报告，而他或她内心默想的是，这些高层全部愚不可及，并且觉得自己的演讲估计收不到效果，那么在这种潜意识的影响下，演讲很有可能真的毫无效果。演讲者或者高层管理者们可能永远注意不到这些非言语沟通，但是细节中隐含的负面情绪会在不知不觉中扭曲人们的理解。

许多重要的演讲中，演讲者和听众都会有着主观的想法。高层管理者可能会认为员工加入工会就是为了滥用权利，并会以此掩盖工作上的失败。总裁可能认为各位董事都带有偏见。有数以千计的故事会让人觉得自己“正确”，但却会让你失去有效沟通的机会。

◤ 偏见不好吗

偏见是不可避免的。你只可能在一个时间出现在一个地方，所以一直生活在特定的时空中，这让你形成了自己独特的感知。风靡一时的思维命题“让决策远离偏见”，这可能会让人觉得，做出不偏不倚的决定并非不可能。客观的决策方式会让你剔除偏见，或者无视偏见，好像就可以让偏见无影无踪一样，但事实是偏见会一直存在。偏见只是会在你无意识的情况下继续影响着你的见解。既然并不存在没有感情的环境，就应该探寻偏见的来源，试图了解这些观点将对结论带来何种影响。

同理，任何人的生活中都有偏见，一个脱离偏见的故事也往往意味着十分无聊，因为这样的故事脱离实质、脱离生趣、脱离人情。人们的行为总是基于某些观点，所以要大胆承认，表明你并非视而不见（或盲目相信）自己的偏见。

关键就在于将同一个故事从不同视角解构后再做叙述。加入细节和证据，表明你确实理解和承认其他观点的存在。通过转换角度，能让故事变得更丰满，也能提升你理解听众观点的能力。

这里有一个有趣的例子，格莱葛利·马奎尔（Gregory Maguire）决定从坏女巫的角度重新讲述《绿野仙踪》这个故事，结果他出了一本书，名叫《女巫前传：西方女巫的命运与一生》，后来又改编成了一部成功的百老汇音乐剧。很难预料你学会这种艺惊四座的本领后，会有什么好事发生。

角度不同，意义也会有所不同，不过，对你来说更重要的是，角度能创造新意义。选择一个时间、一个地点、一个角度，然后再据此讲述故事，这会让故事变得更加逼真。让故事穿越时空，这能让你看到许多有理有据的观点。

还记得前面提到的农夫和马的故事吗？事件总会不断地变化，都在重新定义着得到马匹这件事究竟是福是祸。这些变化本身并无对错。既然我们的肉体受限于时空之中，那么我们只能从主观视角体验生活。诀窍在于，学会如何让自己在精神上、在情感上体会另一种视角。了解了他人的想法，看到了他人所见，与他人进行沟通之后，你才有权利邀请他人从你的视角看问题。

举一个简单的例子：

1. **客观视角**：雇员X的出勤率下降了25%，日常表现也出现了两次超期未完工的情况。

2. **雇员 X 的视角**：员工 X 会告诉你，他三岁大的孩子最近不慎在家庭泳池里淹死了，他和妻子正在办离婚手续。

3. **员工视角**：大部分员工把自己的休假时间让给了员工 X，让他可以多请些假。

从客观角度来看，你有合理的理由辞退这名员工。然而，从两人以上的主观视角和一个人性化的视角来看，辞退这名员工可能会降低团队士气，还有可能会让你扣上一个不近人情的名声。

来自不同角度的审视故事能让你检验重要的决策，省掉不少烦恼。如果你肯花时间，从不同视角审视重要的故事，你就能尽可能避免挫伤他人的感情，避免人们浪费时间去生气。

练习：从不同视角审视故事

找一个愿景故事，然后从另外两个人物的视角重新书写故事，这可能是个有意思的过程。

首先，找一个主人公之外的视角，以这一人物视角从头到尾重新讲一遍故事。这是学习讲述愿景故事的最佳方式。

接下来，原来的故事中可能有人“失去”了某些东西，就从这个人的角度重新写故事。例如，后文中有一个愿景故事，讲述了伽利略如何避免了火刑，继续讲述真理的故事。

我决定从教皇的视角研究和重新想象伽利略的故事。每次伽利略发表“异端邪说”时，教皇对教理的控制就会减弱，从教皇的角度来看，异端邪说还有可能让人“丧失灵魂”。

重新思考这个故事之后，我渐渐明白了，教皇和其他的领导人一样，他有可能同意伽利略的观点，但他需要维护自己的权威。教堂当时还没有准备好应对或转化这类新发现，而这有可能会使它丧失公信力。

明白了这一点后，我就可以在双方怒火一触即发的状态下讲述这个故事，让人们增进理解，老板和怀揣新观点的人就能够理解对方的用心良苦。这个故事也能够打动领导层，因为在巩固他们权威的同时，还为谅解和合作带来了可能。这就会是个好故事。

从“失败者”的角度写故事。从你的愿景故事中找到一个丧失了地位、权利、自主性或其他重要方面的人物，夸大各种细节，然后再从这个人物的角度看问题。这是一个颇富创造性的练习，你可以从中找到乐趣。

这个练习证明了两种可能：你的故事可以从多个视角重新解读，每种解读方式都会带来不同灵感，或者你也许会发现，你的故事只会感动你自己或只对你有激励作用。

“主人公”角度的愿景故事往往只是让讲故事的人志得意满，但却满足不了站在其他立场上的听众的需求。进行交换角度的练习能让你避免这类错误。较强的自我意识是领导力的关键，但控制自我意识也一样重要，因为人们会据此选择究竟要不要听从你的领导。

如果你的故事不起作用时，可以进行这类练习。你会发现，你的故事或者是你讲故事的方式，可能无意间忽视了人们的感受或观点。

第三部分

六种故事：寻找自己的专属故事

第九章　我是谁

你凭什么来打动陌生人

最重要的故事就是“我”的故事。

这些故事就是你一生的缩减版。所有你去过的地方、做过的事情、未完成的事情、梦想的事情、将要做的事情、成为什么样的人、避免成为什么样的人，这都是你的故事，与你的影响力和他人对你的看法有着直接联系。

这也可以衡量你的亲切感，你可以通过我是谁的故事来增加亲切感——也就是告诉别人有关你的事情，以此让别人信任你。人们不会相信不甚了解的人，如果你表现得太过专业，或是太孤僻，人们无法真正了解你，那么想让人们相信你就难上加难了。

《纽约时报》和哥伦比亚广播公司联手进行过一项问卷调查，询问：“在所有人当中，你认为有多少人值得信赖？”平均来看，人们认为大约 30% 的人值得信赖。问卷调查的另一问题是：“你所认识的人中，有多少你认为值得信赖的人？”答案是多少？ 70%。

从数据角度来看，确定这些猜想是否精确根本不可能，这项调查也进一步证明了信任是一种非理性的、非线性的行为。如果我觉得和你有交情，我对你的信任度会加倍。如果你我萍水相逢，我信任你的概率只有 30%，甚至更低。熟悉感在你和听众间架起了一座桥梁，这样你的信息才能顺利为对方所接受。

我们想要打动的人经常并不十分了解我们，因此他们也很难相信我们。讲述一个我是谁的精彩故事就像提高了你和听众间的带宽一样，能让听众接收更多信息。

大多数人不轻易信赖他人，这也是可以理解的。不信赖他人能让生活变得轻松些。对于我们的原始先祖来说，做最坏的打算是种生存机制，现在也仍是这样。想一想，老板对你说“五分钟后来我办公室一趟吧”之后，你是不是会在脑海中自动脑补一个故事，“嘿，肯定是要给我加薪啦”或是让故事沿着“哦，不，这回出什么问题了”这样的情节发展。

人们编造着故事（无意识地），将他人幻想成野心勃勃的、贪婪的、毫无经验的，或是愚笨的：只要捂着耳朵不听就好。倾听——用心倾听，也许会迫使我们动摇现有的信念，或是开始关心。

你要做的就是在最坏的打算前坚持住，人们才能看到更深层的你。你可以讲一个关于自己的精彩故事，赢得他人的信任。构建“我是谁”这类故事的第一步就是搞清这些问题：

- 你是谁？

· 你的特别之处是什么？

· 为何你可以影响他人？

· 人人都有天赋，你的天赋是哪些？

· 你是富有同情，是值得信赖，是诚实，还是圆滑老练？（这四种特质通常不在同一人身上显现。）

· 你的什么本领让你有了影响他人的权利？

◤ 练习：你是谁

你的哪些特质让你有了影响他人的能力？列出那些“可以影响他人”的特质（例如热情、负责、有创造力、富有同情心、诚实、圆滑老练）。证实你确实拥有这些特质，在故事中加入更多情感化元素，信任一直都是一种主观决定。

列出特质之后，就开始寻找能够展示这些特质的故事。给对方讲些显示这些特质的实际例子，这样他们就能通过自己的个人经验而选择信任你。

我在第三章时介绍了四类故事，以下例子是关于“我是谁”的故事。阅读每个故事时，花几分钟时间写下你想到的故事点子。

你的光辉时刻

当我看到讲故事能让人们变得更有活力，生活得更好，抓住之前忽视的机会时，我就受到了鼓舞。

我和一个朋友设计了一套称为照片故事（PhotoStory）的流程。我们借鉴了凯罗琳·王（Caroline Wang）的影像发声（photovoice）想法，这是一种讲述故事的方式，当时给一些贫困国家的妇女发放一次性相机，让这些不懂英文的妇女也能借图片来展示自己的需求。结果，这种方式收到的反响远远大于通过分析得出人们的需求。

越来越多人看到了这些图片，我发现这些图片也从第一视角讲述了这些妇女自己的故事。因此我们改进了凯罗琳·王的想法，将故事思维加入其中，并在休斯敦一个地区开展了行为研究，这一地区十分贫困、治安十分糟糕，甚至连比萨外卖都不愿进入这里。

我们鼓励大家用相机讲述自己的故事，并在小组中进行分享。参与者说，以这种方式讲述自己的生活环境，鼓舞着他们开始行动，转变生活。他们说“这打开了我的眼界”并让他们进入了“我得做点什么”的模式。

这个过程让其中一名女性如梦初醒，并做出了巨大的转变。之前她会在会议上打瞌睡，因为她的脊椎曾接受了一次不成功的癌症治疗，她体内有吗啡泵用以压制剧痛，对此她一度感到十分颓废。然而三年之后我再次见到她时，她已经移除了吗啡泵，整个人十分精神。她联系社区医疗服务机构，对玩忽职守者进行监督和投诉，并买了台电脑，开展了一项新的社区医疗计划。

想一想。你冒过险吗？你是否有过孤注一掷的时候？如果有的话，可以将这种经历转换成一个不错的“我是谁”的故事。

你失意的时候

我的咨询业务刚起步时，遇到了一个大客户。当时的我还处在测试想法的阶段，但我不想给人以新手的印象。

我承认，当时我的电话答录机有这样一条录音，“我们正忙，无法接电话”，就好像我有不少员工一样。实际上，我正在门外健身。“我们”也只是我和我的狗，它当然不能接电话，即便它长出了对生拇指也不行。

话题转回那位顾客。有一套流程我曾用过多次，我把这个方法兜售给了服务部副主管马克，他询问我，能否让 70 个人同时参与。我看着他的眼睛说“没问题”。但我没说的是，我从没在 20 人以上的情况下使用过这套流程。这套流程基本就是收集整理顾客意见（小意思），然后将这些逐字记录的意见分发下去，让整个小组进行分析。

我明白，比起调查公司的建议，他们会更重视自己得出的结论。但要让 70 个人在意见上达成一致，这有些困难吧？我设计了一些有助实际操作的细节。参与者必须找到最重要的意见，收集起来，用即时贴贴在墙上，展示那些言之有理的意见，凸显那些总被提及的问题。我准备了不同颜色的荧光笔，也用不同颜色代表不同含义。我以为我准备得很周全。

进行到一半的时候，我扫了一眼，发现有一个小组把所有荧光笔都拿走，做成了一个小塔。满地都是纸。混乱至极。马克走过来，站到我身边，踮了踮脚。

他问道："你之前从没这么组织过吧，对吧？"

我说："对。"

他点点头，说："我猜也是。"

然后他冲我一笑，递了一瓶水过来，说道："觉得你可能会渴。"然后就转身走了。

愿上帝保佑他的善心。我会一直铭记他的善良。整个过程也并非都如此失败。这些人在行动上团结了一些。但是再也不要这样了！我像斯嘉丽·奥哈拉（Scarlet O'Hara）一样把拳头竖向空中："愿上帝助我，不再过多承诺。"这样对谁都好。

想一想自己搞砸了的时候，或是有违自己常态的时候。和人们一般所想的不同，当人们听你讲述自己失意的时刻时，人们会更加确信，你珍视这一品质。

良师益友的故事

> 这个故事是关于一位我从未谋面的良师益友。他叫安塔纳斯·莫卡斯（Antanas Mockus），是波哥大市前市长。有位来自哥伦比亚的朋友跟我说过波哥大的交通方面有问题，那里只有富人才能买得起车，而这些人觉得不必遵守交通规则。他们闯红灯，越过人行横道，许多人也因此送命。
>
> 想象一下你会如何解决这一问题。加强执法？加重刑罚？莫卡斯没有这么做。他雇用了小丑演员——这并不是编出来的。他雇用了许多演员扮演小丑监控人行横道和其他事故多发区。那些醒目的小丑会让人们注意那些违反交通规则的驾驶人，他们摇着自己的手臂，示意对方停车，或者教育司机遵守交通规则。你猜怎么着？车祸死亡数量下降了一多半。
>
> 到达波哥大之后，我用电子邮件把自己刊登在杂志上的文章传给了一个曾在莫卡斯手下办事的政府职员，他叫胡安·尤利伯（Juan Uribe），他的回信说："你在故事里说道，小丑教育司机们遵守交通规则。其实不是，小丑演员是在告诉他们，这是行人应有的权利。"
>
> 是的，确实不同。这就是我想在世界中做的

事情。

是谁教你看到了世间最重要的事物？可能是父母、祖父母，或者是老师、童子军队长、前任雇主。当你讲述你的良师益友时，表示你十分关注他们的一举一动时，你就用故事显示了他们的人格，与此同时，也表明了自己的为人。

一本书、一部电影、一件时事

> 我刚开始教授人们讲故事时，用了电影《断锁怒潮》（1997）的片段。我们中的大部分人都曾遭遇过严重的不公，让我们觉得任务难以完成。对我来说，这部电影就是让不可能变得可能的最佳例证。
>
> 在电影《断锁怒潮》中，44 名黑人被虏离了家园，拷着锁链，忍饥挨饿，他们控制了绑架者的船只，但在回家的路上被捕获，送往了美国。你能想象他们律师的感受吗？在奴隶制合法的国家里试图为黑人男女伸张正义，稍加不慎，对奴隶制的讨论还会触发美国内战，你能想象吗？马丁·范布伦总统正在筹备再选，并不希望发生内战。你要在 12 名白人组成的陪审团面前为 44 名一句英文也不会说的黑人男女做辩护。我所说的试图把不可能变成可能，就是这样。
>
> 但他们最终还是赢了。怎么赢的呢？在电影中，脾气暴躁的前总统约翰·昆西·亚当斯（John Quincy Adams）拒绝帮助废奴主义者，不过却给了心灰意冷的他们一点提示："我发现，在法庭之上，谁讲的故事

> 精彩，谁就能赢。”于是，他们找来了一位翻译，听到了第一手的陈述，了解了事情的来龙去脉，然后他们把听来的故事重新讲出来。故事的影响力之大，竟推翻了四次判决。这个故事竟然让一名对方事先安插好的法官心服口服，并判决他们无罪，即便这意味着他仕途生涯的结束，也在所不惜。他们的故事有着太强的情感力量，任何听过故事的人都会支持他们获得本应属于他们的权利。

想一想你最喜欢的电影。我敢打赌，如果你用故事思维重看一遍你最爱的电影，你会发现那些感动你的片段正是对你的品质的彰显。主人公可能大放异彩，也可能搞得一团糟。那些片段之所以会留在你的脑海中，是有其原因的。

第十章 我为何在此

在我组织的一个讲习班中，一名参与者讲了这样一个故事，表示自己有过向警察撒谎的想法。

故事的开头便是一句让人头皮发麻的话："先生，你知道自己时速多少吗？"然后，他讲到自己透过后视镜看到了四岁女儿的双眼，在这几分钟之前，他还让妻子放心，说："放松，我只是超出限速 10 英里每小时而已。"看着自己的女儿，他抑制了撒谎说"不知道"的欲望。

他的故事让我感到，尽管他曾十分想说谎，但他还是一个会讲实话的人。他竭力做个好父亲的行为提升了我对他的好感，从其他人的评论来看，大家都为他加了印象分。

每个人在某个时刻都有说谎的欲望。与掩饰自己这方面缺点的人相比，一个有着自我意识并勇于当众承认这种欲望的人更值得信赖。他讲的故事回答了我的隐含问题"你为何在此"。因为他告诉我："我来这里是为了做该做的事，即便是在我不情愿的时候。"了解到这点之后，我已经迫不及待地想听听他的想法了。

告诉他人“你能得到什么”

这名参与者回答了听众经常提出的问题——“这对你有何益处？”是的，你我在营销基础课上都学会了询问对方这点——“这对我有何益处？”确实，人们需要知道他们会从中得到什么。假如对方搞不清你如何从中获益，那么他们的心会一直悬着，也不会认真听你讲。

大部分人会认为，如果你花费时间、精力、钱财以鼓励他们做某事时，那么你肯定有所图，这是再正常不过的事情。人们内心有杆秤，会对比你从这笔交易中所获得的和他们的所得，他们不会介意你是受雇来“兜售”观点或产品的。

人们即便确信能达到自己的目的，他们还是会严格审视交易，以防你利用他们。假如交易透出一丝利用的味道，也足以让一些人终止交易，即便损失很大也在所不惜。

实验经济学中的模拟实验，例如模拟投资和模拟公益事业，揭示了公平互惠往往比实用主义重要。如果一项提议带有利用的色彩，人们会选择敬而远之，甚至花费自己的金钱惩罚“不劳而获之人”——人们憎恶利用他人者。

关于安然公司、伯纳德·麦道夫（Bernie Madoff）、美国国家金融服务公司、华尔街的欺诈故事让我们越来越需要证明自己可以诚信公开地行事。那么一切就看你的了，如果你想让听众响应你，你就应该分享一个关于自己盈利理念的正面故事。

相比单纯为了钱的人，那些热爱产品的人更容易让消费者心甘情愿地花钱。人们总是认为我们在兜售着什么，这不足为奇，怀疑可以防止受骗。

只有对方强烈感受到你的真诚后，才能避免让怀疑扭曲你的正面信息，动摇你的可信度。讲述成功的客户案例胜过你的辛劳推销，讲述你为客户发现新想法而高兴，当你用这样的故事证明你积极的用意后，对方的疑心终会逐步消逝。

以下是讲述“我为何在此”的四类故事。阅读每一篇故事，并用几分钟时间及时记下你可能会用的故事点子。

练习：你为何在此

想想上次人们因为你出色的工作而对你说“谢谢”的场景。搜寻故事，让听众明白在那个场合，你不可或缺。如果你按时间顺序列出自己最骄傲的瞬间，你应该会有一个不错的“我为何在此”的故事。

你的光辉时刻

> 我曾受邀前往五角大楼，帮助军事决策者们推进预算会议进程。在过去三年中，他们每年都会削减15%左右的预算。每次在削减预算后召开的年会上，小组成员总是面对着行动方案，保持着积极创新的态度，如果有必要的话，小组还会根据削减的预算来减少服务项目。然而在过去三年中，这些决策要么被否

决，要么被无视，要么就是因为重大事件而搁置。

尽管预算越来越少，但所有的服务项目仍像三年之前一样照旧。人们承受着巨大的压力，每个人都感到沮丧，有些人则怒火难平。人们渐渐开始在电子邮件中互相指责，整个小组的进程都放缓了，因此气氛十分紧张，充满了怀疑和冷嘲热讽。

我用诗歌改变了他们心中在此聚首的目的（为预算而战），也改变了他们对我参与此事的看法（调停这场争斗）。我这样开始："我们谈论数字之前先要谈谈感情。"我说得很快，以防他们把我逐出门外。"我希望大家能先找到打胜仗的感觉，之后，我们才能找到合理分配资源的方法。"

"让我们先找到打胜仗的感觉。"我说，"我要朗诵莎士比亚《亨利五世》里的一段话：

再向缺口冲一次吧，亲爱的朋友，再冲一次

否则就用英国战士的躯体筑起高墙

和平时期的人们

应该沉着和谦逊

但当战争在耳边炸响时

就像猛虎一样

让肌肉绷紧，让血流奔涌

用滔天怒火遮盖我们美好的本性。”

（亨利五世，第三幕，第一景，一至八行）

等我朗诵完，小组成员个个都发出像蒂姆·艾伦（Tim Allen）一样咕哝着“吼吼吼”的声音。我说：“这就是鼓励人们用速度和进攻来赢取战争的方式。这种感情状态能激发特定的行为，例如奇袭、掩护、隐蔽。但我们不是为了打仗而来的，我们是为了清醒冷静做出决策而来的。”

“接下来的这首诗描述了一种让人明智地、深思熟虑地做决定的情感状态。这种状态会激发完全不同的行为。”

然后我读了段比利·罗斯（Billy Rose）的《无名战士[①]》：

“我是个无名战士

灵魂之音这样说，

我觉得自己有这样的权利

① 比利·罗斯，《无名战士》，《美国人最喜爱的诗歌》编辑：黑兹尔·费里曼（纽约，花园城：双日出版社，1936）428-429页

坦率地问问你。

我的战友是否有人照料？

胜利来得是否容易？

你赐予的莫大回报

难道就是在路边卖铅笔？

他们是否真正赢得了自由

赢得了他们为之战斗的目标？

你是否仍对十字勋章深怀敬意

当它悬挂在你空荡荡的袖管之上？”

我问他们：“你们感到差别何在了吗？”屋里安静得掉根针都能听见。

“想象自己认识的人在战场上牺牲。如果他们能开口说话，他们会让你们记住什么？他们会让你们忘记什么？”

这两首诗改变了屋里的气氛，将目标从狭隘的争钱夺利变成了更宏大的目标，这个会议实际是我们对为国捐躯的男男女女致以敬意并做些事情的场合。沮丧变成了勇气，怒火化作了决心，傲慢变作了谦逊。

他们的对话和决策变得更加协作，更加有理有据。

通过背诵这些片段，我让他们看到我十分感激士兵们所做的牺牲，以及我十分理解他们的沮丧情绪。我是来促进会议的，同情心驱使我这样做，而不是为了显示自我，满足控制欲，我也不像其他促进者那样只是调停而非促进。证明我对他们有信心，认为他们可以自行调整后，也重新定义了我的存在。

我们对“用好心做好事”都有自己的看法。想想过去你曾因为正当理由而做过的事，或者是弄巧成拙，好心做了“坏事”的时候。

生活是复杂的，人们之所以不经常讲述这样的故事，是因为讨论道德标准充满风险，有些道德评论有可能和对方的个人观点相抵触。道德似乎是老生常谈，但没有人愿意和缺乏道德底线的人合作，所以用一个故事道明来意能增加互信，表明你有自己的道德标准——即使和对方的有些不同。

世界每天都在发生变化，人们希望看到“证据”，证明你不会利用不可预料的模糊条款和意外事件来获得不义之财。别因为是非难辨而备受挫折。讲一个故事，说明你一直在努力趋善避恶，那么对方自然会放下心来。

讲述你为何在此的故事时你可以选择适当增加选择难度，这样能增加故事意料之外的效果——因此给听众留下的印象也更深。编剧罗伯特·麦基（Robert McKee）就指出，做出显而易见的选择是十分乏味的。从两个不好的选项中选择，或者从两个极好的选项中选择，这样才更有趣。我不知道该如何描述这种情感状态，但是，你最好讲述一个不会让人一下猜到结局的故事。

你失意的时候

一个财务咨询公司的高层讲过一个故事，那是一个自揭伤疤的故事。当时，我受邀前去讲授如何用故事增加客户对他们公司的信任。大约 150 名员工参加了这次培训，轮到人们分享故事的时候，没有一个人愿意站出来先分享——也能体现公司**内部的**信任状态。他们总是在资源分配上你争我抢。经过漫长的等待之后，屋里最受尊敬和最有权力的人站了起来，走到最前面。

他说："上个月，我有一天过得特别开心。我在 50 码线开外观看了我最喜欢的橄榄球队的比赛。我支持的球队赢了，这让我当时乐开了花。回到宾馆之后，我点了芝士堡、薯条，还有两杯啤酒。客房服务送来之后，我为了吃得尽兴，索性穿着我的小内裤把食物吃得一点不剩。"他脸上的笑容很灿烂。

"天啊，我当时可真高兴。可是当我把托盘放到门外时，餐巾扫到了酒杯，差点滚落托盘。我伸手扶酒杯时，听到房门咔嚓一声响。

"我意识到，可能有人在用电梯。当电梯开门后，我左看右看，然后钻到了旁边一棵棕榈树的后面。

“之后，我按了按钮，直到等到一台空电梯。电梯往下走时，我意识到等下还是会有麻烦。”他停顿了一下，才继续说，“我觉得速度快点肯定没错，所以我飞跑过了整个大厅。跑到一半时，有人在前台冲我喊：‘哪个房间？’我告诉他们房间号，抓起我的新门卡，飞奔回去了。”

“当我终于回到房间，折腾得上气不接下气时，房间电话响了。我气喘吁吁地说：‘你好。’然后，一个甜美的声音告诉我：‘先生，我想跟你说一下，如果再有类似情况发生，每层都设有电话。’”

直到他坐下，人们还在大笑。

然后他告诉所有人：“我们是来学习，是来放松的。这不是什么竞争，为了学习让自己难堪一点也无妨。”听完这个故事，几乎所有人都明白了这就是自己在此的目的，交流自然就源源不断了。

想想自己放弃之后又对此后悔的时刻。也许你还遇到过这样的情况：自己犯了错，明明可以遮掩过去，却没有这样做的时候。

只要我们讲述那些已经过去的事情，犯过的错误也可以是精彩的故事。并不是要求你在这里一雪前耻，或是坦陈自己的秘密。不过，如果我们对一件事已经了却了心结，并且又秘密试探了人们的反应，那就可以把过失讲成一个精彩的故事了。你讲述自己过错的时候，对方不会再怀疑你的用意，这类故事也能让你树立一个公开坦诚的自我形象。

良师益友的故事

吉姆·法尔医生（Dr. Jim Farr）是我的导师之一，他常说："让不同意见保持不同，一定会有意外收获。"我们初次见面是在 1993 年，那时的他已经做了 45 年的心理医生，给高层授课也有 25 年了。他那时已经 75 岁：慈祥、富有同情心、睿智，这些都掩藏在他乖戾的性格下。

他招收了六个新员工，其中包括我。我们学习如何发展"自我意识讲习班"，这是其公司旗下的领导力培训系列最成功的核心课程。

吉姆从不遮掩事实，他有什么说什么。为他工作的员工常开玩笑说他"慈爱地霸道"。不过，他确实会让你忙得团团转。吉姆是个合气道大师，合气道这种武术的精髓就是避免硬碰硬，如果有人袭击你，合气道的方法就是借其势，让攻击者一头撞到地上。无论在思想上还是在运动中，吉姆都做到了这点。我当时也在练习合气道，不过我学到的只是撞到地面时要滚一圈。

一天，在一个员工会议上，吉姆告诉我，我总是逆势而为，因此花费了太大力气。我倾向于完美主义，其他员工给我反馈时，我又太急于辩解。就是说，我快把大家逼疯了。

他站了起来，示意我站到他身边，然后说："给我一拳。"我模仿拳击的动作击出了拳头。两秒之后我就躺在了地上。我当时 32 岁，身体还不错，他当时已经 75 岁了。然后他又用慢动作做了一遍。我击出拳头，他并没有反击我，而是向左一步，捏着我的拳头朝自己那个方向拽，直到我的身体顺着我出拳时的惯性向前，然后我又倒在了地板上。

他问我："现在你明白了吗？"

我永远也不会忘记他，也不会忘记那个时刻。

他教会了我，那些我看来是迎面一拳的事物并不都是需要回击的"攻击"，也可能转换到对方角度看问题的契机。那时，我开始停下来观察，或是顺势让别人留意我的观点。虽然不能做到屡试不爽，但至少我明白了，当面对批评指责时，我可以有多种不同反应。实际上，当我从他们的视角看待整个情形后，我可能根本无须回应：我是来学习的，不是来争论的。

人们谈论自己的来意时，往往会几句话带过。但如果你回想一下，也能想到一两位用自己的故事带给你灵感的人。当你考虑自己来此的目的时，你的脑海中浮现了哪些人呢？

一本书、一部电影、一件时事

一家大型零售公司的经理要在下一次销售会议上，向 2000 多名销售人员报告十分不乐观的账目情况。那是 2002 年，刚刚经历了 2001 年的"9·11"事件，那年的业绩表现十分糟糕。他们已经尽力了，但还是没有达到预期的目标。

经理决定重新措辞，借用《黑客帝国》（1999）的桥段，他将这次“失败”称为壮烈的，而非软弱的。在这部关于选择的电影中，一位特工利用了颇有冲击力的信息，把一个刚入门的信徒从外行打造成了寻求正义的战士。接受这些信息需要巨大的勇气，这将是条困难重重的道路。墨菲斯想让尼奥明白，应该选择知识和智慧这样的药丸，然后，他让尼奥从红蓝药丸中选择。

那位经理讲述了这个桥段。

墨菲斯（一手拿着蓝药丸）说：“你服下蓝药丸，一切就到此为止。一觉醒来后，随意你相信什么。（一枚红药丸出现在另一只手上。）你服下红药丸，我就带领你穿越这层层迷雾。”

尼奥经过认真考虑后，伸手拿红药丸。

墨菲斯说：“记住，我所说的都是实情，别无其他。”

这位经理继续说：“这就是我所知道的。虽然逃避现实或假装会柳暗花明可能更简单，但我们有艰难的抉择要做，我会选择面对真相。你们呢？你想要红药丸，也就是真相，还是想让我继续用蓝药丸放烟幕弹？”

> 当然，整个礼堂的员工站了起来，有节奏地喊着："红药丸！红药丸！"这个故事让他从一个只顾报忧的批评者变成了魔术师和导师，准备帮助真正的主角（他的听众）寻找真相和理解——这是不错的故事。

此外，就电影故事来说，特效和天赋是现成的，你需要做的就是描述一个场景，然后让它变得生动起来。我更喜欢书。约翰·斯坦贝克（John Steinbeck）是我最喜欢的作家之一，因为他懂得利用好坏对比让故事变得更加贴近现实。斯坦贝克写出了人性的光明和黑暗面，但又不至于让我觉得绝望。斯坦贝克描述的情节颇具真实性，从不过分乐观，也不过度消极。从这类写实主义作品中借鉴"似曾相识"的智慧，将会让我们的故事带着庄重和真实感。

有没有一本书，或是一部电影展示了你"为何在这里"？虽然它们可能与你的现有处境无关，但却能激励你成为更好的自己，那么这些就是好故事。任何能激励你的电影和书籍，也能激励他人。

第十一章 教导故事

故事比责骂更有效

一个有教育意义的故事可以很容易感染听众情绪，全方位触动听众感官，让听众体验善行的意义，或是恶行的后果。这种演示方式也毫无风险：是借想象而进行的实验。

狄更斯的小说包含很多有教育意义的故事。在《圣诞颂歌》中，狄更斯演示了如何发挥教导故事的作用。幽灵们带着斯克鲁奇展开了一场教育之旅。每个幽灵都讲了一个有教育意义的故事，让斯克鲁奇从感情和精神上都体验了执迷不悟的后果。

第一个故事：过去，你为了赚钱而推迟了婚礼，于是你失去了你的真爱，贝拉。

第二个故事：你迷恋金钱，让克莱切特一家人一直生活拮据。

第三个故事：如果你执迷不悟，继续贪恋钱财，克莱切特的儿子会因此而死，你会孤独终老，凄惨痛苦。

一夜之间，三个故事让他完成了转变。

教育故事能让人穿越时间，转换视角，给人以模拟体验。在困境下也要正确行事、聪明行事，这类故事就给我们创造了这样的试验机会。用故事形式讲出的经验比责骂和说教有效得多。我有位朋友名叫帕姆·麦格拉斯（Pam McGrath），她是一名牧师，在进行福音布道会之前，她讲述了一个自己的亲身经历，显示出即便一个简单的故事也能改变人们的感受。她这样讲道：

> 星期五，一个母亲下班后带着孩子购买生活必需品。整个商店充满了对孩子的诱惑：大盒麦片，成包的糖果，大瓶汽水。这位母亲对孩子的吵闹无可奈何。终于，她拉着孩子走到收银处排队付款，但收款机的小票纸带却用完了。她不耐烦地用脚敲着地面，孩子们又开始伸手拿零食。收银员正在急忙处理，所有在她身后的排队的顾客都叹了口气。然后，她注意到收银员胸前的十字架很像她母亲之前佩戴的那个。
>
> 她说："你的十字架很好看。"
>
> 收银员停下了动作，和她对视了一下，两个人都笑了。
>
> 她继续说："我母亲以前也戴着类似的一个十字架。"
>
> 那名收银员说："这是我母亲送给我的。"

她们这两个活生生的人都笑了。两个人抓住了沟通的机会，让人性显露了出来。

帕姆用故事告诉人们，与其散发小册子来宣扬教堂的教义，远不如用善举和人性的关切来做到这点。

我不禁要将这个故事和一些公司愚蠢的规定放在一起比较，这些公司试图用写好的问候语，硬性规定店员以积极的态度帮助顾客。一个收银员被迫要对客人说："你找到自己所需的东西了吗？"我觉得这很不幸，这样清楚的问题实际上极可能会损害与顾客的关系。如果我说没找到呢？那在我之后排队的顾客是否应该等着，听我说："实际上，我没找全。我没找到意大利土豆丸子。"这类问题不仅不合时宜，如果你的回答是否定的，询问你的人也不能真的帮到你。

规定员工按照范本行事，这实际显示出高层对员工能力的怀疑，认为员工无法根据实际情况问候顾客，无法满足顾客需求，这种不信任也会让员工的礼仪变得机械，变得怠慢。教育故事能够激发人们的各种反应，让人更用心，也能鼓励人们关注细节，因为这本身也是一种善良。

一些教育故事将过去的某个事件回放，让你换个角度观察。例如，如果你在敬老院里培训一批新来的护工，若是能让这些健壮的24岁护工用87岁高龄老人的身体过一天就好了，这样一来，他们就能亲身感受帕金森综合征的痛苦，不能走路，也不能静坐。他们就能体会到不能自理的感受，以及有人用对婴儿说话时单调的语调对他们说"今天感觉怎么样呀"时，那种被人轻视的感受。这种亲身体验会跟随他们一生。但我不能让人们互换身体，所以，最接近的办法就是利用教育故事，让人们体会这种转变人生的体验。

当然，我并不认为故事是万能的。我们需要规则、制度、范本来支撑关键机制，应对生死攸关的状况，以及面对那些准确胜过同情的情况。许多为最坏情况制定的规则和程序能够拯救生命。医护人员需要一些技术问题的规范，例如静脉注射。然而，仅仅依照规章制度并不能让护士妥善地安抚恐惧的患者。即使是技术问题，也能通过讲述亲身经历过的最坏情况来强调，实习医师应该追求精益求精。

用故事进行教育时要注意一点：记住，故事的有效率只有 70% 左右。当你启发和鼓励对方自行思考时，对方会更加投入，更加用心。然而，有时对方的看法可能不是你预想的那样。这就是创造性投入的代价。不过，他们的见解也许会超过你的预期。

◤ 练习：说出自己的心病

现在，想一想你想教会其他人什么本领。何不从一个没有达到你标准的任务或你一直抱怨的事情开始呢？如果你对某事一直有不满的看法，那么消极看法和情感包袱会让你的教导类故事充满批判性。退一步，重新审视你觉得需要改进的工作，从他人的角度看问题。有哪些亲身经历可以当作故事讲出来，以此改变对方的方式？你能否想到一些能引起感情波澜的经历，人们只能通过你的讲述而体味的经历，然后通过教育故事将其讲出？

以下提供四种教育故事，来帮助你迸发灵感。

你的光辉时刻

有很多课程是关于文化敏感性的。如果你有足够的时间能完成文化差异方面的硕博课程，那么你肯定能列举出数千种因为文化差异而冒犯他人的方式：在阿拉伯露出脚掌，或是在印度用食指指点。然而，更重要的一点是，要时刻留意出乎你意料的故事。

一名叫辛迪的年轻女孩讲过这样一个故事，她参与美国和平队已有两年时间，最近刚刚回国，她带着幽默感讲述了自己驻扎在某国家的经历。任务要求他们先和当地居民生活一周，她以为自己的寄宿家庭会提前安排好一切，就像自己在国内和教堂唱诗班一起旅行时一样。但是，她和自己新认识的和平队伙伴却站在队列里，一个一个被“竞拍”给了当地住户。

个人或家庭挑选自己想要的志愿者，然后将他们带到自己门前。一个不会说英语的中年妇女选了辛迪，辛迪也不会说塔加洛语。领队跟她说没问题，让她跟着那女人回家，一周后归队。于是她照做了。

这是她的故事：

> 她带着我走，离干净的街道和完善的住宅越来越远。普通的房屋不见了，取而代之的是用油布搭成的房子、披屋、硬纸箱。最后，我们来到了一个建在垃圾堆边的披屋前。没有墙，泥土地就是地板。我并没有极力掩饰，嗯……我感到害怕。

> 到处都是虫子。但我还是故作坚强，尽我所能做帮手。我们去找了些食物，然后用露天篝火做饭。我们吃了晚饭，但我却没怎么吃，我觉得不太舒服。
>
> 天暗了下来。我想去厕所，但没看到厕所。我并不期望能找到一间标着“女厕”的有瓷砖、有门的房间，我预想过设施会十分简陋，但我可没想到连茅厕也没有。我观察别人，想看看他们怎么做，但我还是搞不清他们“解手”时会去哪里解决，而我因为语言不通又不能询问他们。
>
> 终于，我憋不住了。我必须要解手，我像哑剧演员一样演示给留宿我的女人，我把膝盖碰到一起，上下跳动，做出那个国际通用的“憋尿”姿势。她笑个不停，然后又用动作告诉我他们会就近找个角落小便。她拿出一个塑料袋，告诉我把袋子当作马桶，然后给了我袋子。但我还是很困惑，方便完之后该怎么办呢？她看出了我的困惑，笑了笑，拿起袋子，像推铅球一样把袋子提过头顶，然后扔到了垃圾堆那里，边做还边说出了一句英语：“飞碟！”那是我一周里唯一一次听她说英语。

她讲的故事让我们哈哈大笑。当时有 250 个人在场，“飞碟”一词变成了学会放手和适应的代码。这个故事是她去的地方特有的，但却适用于处理任何文化差异。

你失意的时刻

《纽约时报》曾刊登过这样一个故事，给了我启发。2003 年发生了**哥伦比亚号**航天飞机事故，机上成员全部遇难。事故发生后九个月，《纽约时报》发表了文章。你已经了解其中的部分内容：

哥伦比亚号航天飞机升空时，机翼上的一片泡沫脱落，然后，航天飞机在 2003 年 2 月 1 日重新进入得克萨斯州上空时，燃烧了起来。对事故进行深入的后期调查后发现，有数据显示可能会出现事故，但却被隐藏在一张幻灯片中了。爱德华·塔夫特（Edward Tufte）是一位耶鲁教授，专门研究数据的直观展示，他分析了这张幻灯片。在一个写满 19 行文字的幻灯片上，信息出现在最后一行："实验数据与飞行条件完全背离，试验中的斜坡容积为 3 立方英寸，而实际斜坡容积为 1920 立方英寸。"

这就是糟糕的视觉故事。讨论更多的是，这个"极其"有关的数据与那个幻灯片上的其他信息放在一起，显得如此不醒目。但更重要的是，这个故事强调了一点，屏幕上的文字所提供的背景信息不足以让人理解数据背后真正的意义。讲故事就是要吸引人们注意重点，或是找准角度，突出某些数据的重要性。

那块在实验中掉落的泡沫比其他结果良好的实验都要重要。数据就在那里，但却缺乏背景信息。是幻灯片杀死了这些人吗？不是的。泰德·西蒙斯（Ted

> Simons）是在线杂志《演讲》的主编，写出了这样一个题目，“幻灯片不会破坏演讲，而人们会”。我的担忧在于，有时沟通明明不畅，但幻灯片却会让你以为你完成了沟通。
>
> 《纽约客》杂志上有幅漫画“地狱人力资源部一瞥”——地狱的面试官正在和拷问者交谈。面试官靠在椅子后背上，看着候选者说：“都还不错，不过你听说过幻灯片吗？”

良师益友

人们常常抱怨不文明行为。我曾和一个医院合作，举办一个讲文明的活动，他们发现，这也提升了患者安全。不文明行为就像传染病毒一样，一名职员受到不良待遇后，他或她有可能把不良情绪转移到顾客或患者身上，后者则会报之以无礼行为。这是个可怕的漩涡。我们重复着“顾客永远是对的”，但这不一定对。对一个刁蛮的顾客或愤怒粗鲁的患者保持良好的态度是十分困难的，要是不意识到这点，雇员们会带有屈辱感。

这是我课堂上的一个女人所讲的故事。她讲的时候，没有丝毫的怨恨和自怨自艾，她重新定义了弱者思维。

> 我是中学里不算漂亮的一个女孩。长大之后，我才知道其实每个班级里都有一个这样的女孩。你的班级里肯定也有过一个“丑女”。
>
> 小学时，我长过虱子；上体育课时，人们也不愿

和我这个怪胎结组；上高中时，有一帮男生让我生不如死。无论我躲到哪里，他们总能找到我。放学之后，我会留下来，找一个远离其他同学的长凳坐着，独自等母亲来接我。我尽可能地低调行事。

但是，无论我怎样躲闪，那帮男孩还是找到了我。找到我之后，他们就会玩那个他们最喜欢的把戏。其中一个会坐在我旁边，用胳膊搭着我的肩膀，然后假装约我，让我吻他一下，其他人则会起哄大笑。我本不想哭的，但我的嘴唇还是会忍不住颤抖。我流的泪越多，他们笑得就越起劲。这种情况持续了一年。

一天，我也不知道是怎么了，其中一个男孩又把胳膊搭了过来，嘲弄我，然后一股力量——虽然不是我的本能，但一股力量——举起了我的左手，搭在了这个男孩的肩上，然后我灵机一动，居然对他抛了个媚眼。现在，其他的男孩不再嘲笑我，而是开始嘲笑他了。我抛了个吻给他，然后也开始笑起来。要是你能看到他的表情就好了；实在是太逗了。

那天起，一切都变了。当然，他们还是会戏弄我，不过我再也没有受到过打击。我有了力量，我发挥了力量。

这是种传统却不错的策略：寻找成功人士，然后对其模仿。我觉得这个女人是我的榜样。讲述成功的习惯、怪癖、日常目标，这样也会让你在模仿（教授他人）的道路上更进一步。找到你想向其学习的人。研究他们的故事，讲述他们的故事。我们正在教授他们的方面往往也是我们需要学习的方面，这就是我能想到的最好的办法。

一本书、一部电影、一件时事

我有个朋友是心理师。为了让自己的行医资格证持续有效，他必须不断参加课程，挣学分，学习心理健康方面的最新进展。他经常参加一些制药厂举办的免费课程，以了解这些制药商所提供药物的最新信息。如果能学习到神经学、情绪、心理健康方面的知识，有时我也会参加。

演讲嘉宾的素质参差不齐。他们都很聪明，大部分都有医学博士或哲学博士的学位，但只有少数嘉宾的讲话十分有趣。一位精神病医师讲述了一个来自电影的故事，引起了所有人的注意。当时他正在播放自己的幻灯片，上面有显示治疗躁郁症疗效的图标，我听着拉莫三嗪和卡马西平这样的生词，觉得自己的眼睛变得越来越涩。醒来之后，我听到他正在说：

> 我们忘记了一点，这门科学并不精确。你知道，我们发现锂的应用距今只有60年。澳大利亚医生约翰·凯德（John Cade）在1947年时发现锂可以用于治疗躁狂症状，有一部电影描写的就是他。那时，人们常用电击疗法和前脑叶白质切除术治疗患者。
>
> 约翰·凯德猜测这种躁狂行为可能是由于体内某种物质过多造成的。身体是否在用体内分泌的兴奋剂麻醉着自己？当时他正在附近的一个机构里治疗着十名躁狂症患者，于是，他收集了他们的尿液，喂食给

> 豚鼠，观察那种“过量的物质”是否会让豚鼠也变得躁狂起来。什么也没发生，于是他决定把尿液注射到豚鼠体内。为了注射，他要找到能够做基液的盐类化合物。反复试验后，他发现碳酸锂的效果最佳。
>
> 然而，溶液注射到豚鼠体内后，造成了一种强效的镇静效果——与他的理论正相反。他十分好奇，又将溶液注射到自己身上试验，观察是否安全，能否适用于患者。
>
> 他知道应该首先治疗哪个患者：躁狂症十分严重的一个男人，他一直十分兴奋。这个人的症状十分严重，他因此丢掉了工作，还被收容了。注射完后，效果几乎立竿见影，这个人变得“情绪更稳定，行为更有序，能够集中注意力，控制自己的冲动”。经过两周的注射后，这个人就可以离开重新开始工作了。这真是个奇迹。
>
> 约翰·凯德在50年前创造了这个奇迹，而我们仍旧不知道其中的原理。

这名精神病医师停顿了一下，看着自己的图标，沉默着。没错，接下来他说的关于研究的每一个字，我们都听得十分认真。他的话语让一切变得不再那么清晰，引起了人们的好奇和讨论。

电影以某种方式探讨了许多人类问题。《杀死一只知更鸟》这部经典即使今天来看，仍会让中学生们为之一振。这部经典仍动人心魄，让人对种族主义、正直、谦逊和成见进行反思。

在电影中看到我喜欢的片段后，我会记下来，以备未来不时之需。我不再思考讲述故事的时间和地点，因为能让我按暂停键的精彩故事，未来肯定能派上用场。

第十二章 愿景故事

用愿景实现目标

当我还小时，母亲为了让我遵守餐桌礼仪，跟我说餐桌礼仪很必要，“女王也许会请你去喝茶”。我已经 50 多岁了，虽然到目前为止，还没有皇室邀请过我，不过我还是有着很好的餐桌礼仪。

“女王的茶会”就是我母亲所讲的愿景故事。八岁时的我觉得，要不是母亲讲的“将来你会感谢我的”故事，还有未来的我在皇室茶会上洋相百出的想象，我肯定会觉得用小叉子吃沙拉简直太可笑了。无论我们年龄几许，人们总是能用愿景故事培养道德修养，之后回头看时再心生感激。

恼人的家务、训练、例行维护或是流程里出现重大改变，这些都不会立即让人觉得满足。此时此地的沮丧就像是一笔预付款，我们期望在未来能有所收获。一个好的愿景故事会将你对未来的期许变得具体，变得真真切切。当你精心打造细节，全方位撩拨感官，让一个愿景变得生动时，明天的收获就超越了今天的负担。排山倒海而来的阻挠也变为了承受范围内的小挫折，你能达成目标，努力不会白费。

愿景故事让你从目前的困难、复杂、模糊上转移，抬眼看看值得为之奋斗的明天，让你抵制每日的诱惑，不会改变方向，不会放弃，不会妥协，不会分心。如果没有一个发自内心的、易于想起的愿景，我们很容易就会忘记自我，忘记自己为何在此。

愿景故事创造了一个可感知的、想象中的未来，就像用橱窗里闪亮的自行车激励孩子做家务一样，想象未来得到自行车的场景就让人有了力气，驱使人们在垃圾堆里翻找铝罐，照看难伺候的婴儿，甚至为家人洗车。当我们利用想象看到、品到、摸到、闻到、听到一个真切的、令人激动的未来时，和回报相比，工作就显得不再那么卑微和困难了。

讲故事能让愿景变得更实在。当你用故事描绘自己的愿景时，你会发现“情节上的漏洞”，这可能会让你重新勾画明天。构建愿景故事可以很好地进行思维实验，发现对立观点和意外结果。愿景故事的要求很多，不过回报也很多。

情景规划就是一种不常用的讲故事方式。皇家荷兰壳牌公司集团的情景规划团队预测未来时将详尽的电脑模型放在一边，依据可能发生的国际事件制定应急方案，再构建相应的政策，这之后，“情景规划”一词引起了人们的注意。他们设计的情景预测了1973年的石油禁运，也预测了苏联解体，也为每个可能事件设计了愿景。

在情景规划中，通过思维实验，针对一系列逼真的未来故事来检验策略，通常人们称之为“风洞试验”，这一比喻来源于在风洞中模拟各类天气状况以测试飞机的试验。和讲述其他故事时一样，让故事变得真实可感会让愿景看上去更加合理。

20 世纪 90 年代的南非，一部分政府、群众、公司法人代表齐聚蒙特弗勒会议中心，共商情境规划，构建共同愿景，建立一个安全而繁荣的后种族隔离时期的南非。

那时整个国家的局势倾向于发生内战。参与者从 1992 开始进行一系列非正式演讲，并描述出四种可能的“蒙特弗勒情景”：“鸵鸟式”（逃避现实，迈向内战），“跛脚鸭式”（脆弱的协议），“伊卡洛斯式”（追求社会主义而不得），或是引人深思的“火烈鸟的腾飞”（包容性民主和持久的协议）。当谈论“火烈鸟式”的模式时，人们勾画出了一个颇为合理的和平过渡愿景，即便是挑剔的民众也觉得可行，这样一来，谈话自然顺利开展了起来。

没有什么情景能够预测像曼德拉这样的人的出现，但“火烈鸟”愿景故事已经为曼德拉的行动打下了坚实的基础，曼德拉对其追随者说：“如果你想和敌人握手言和，就要和敌人一道合作。这样，敌人就成了你的盟友。”愿景故事首先在人们的想象中构建一个全新的未来，如果你不能预见这样的未来，也就不能创造这样的未来。

游走在故事的虚拟现实间，你能留意到一些隐藏的含义、后果、关联因素，如果只是停留在概念层面，就不会对此有所观察。我们的目标是创造一个能将人拉入未来的故事。一个“拉动人的”故事能够引起积极的情绪，例如渴望、希望、归属感、幸福感。

一些基于负面情绪的故事，例如基于**恐惧**（贪婪是恐惧的另一种说法）的故事让人倍感紧张（也是恐惧的另一说法），让人觉得危险、资源匮乏，也容易让人划分彼此界限。恐惧是缩小视野、限制创造力的生理状态和心理状态，让我们将注意力集中到问题上，以及三种基本人类反应：战斗、逃跑、呆住不动。恐惧会让你变笨，会让你所有的智商卡在最坏情况的闭合环路中。

然而，希望和爱则能扩大我们的视野，你才能找到只有在放松状态下才能看到的交流可能和研究可能。一个好的愿景故事能让人增强抗打击能力，变得更乐观，与此同时，也让你欣然接受愿景达成前的艰难险阻。“空中楼阁式”的愿景忽略了真正的痛苦、付出、挫折，会让团队中的乐天派变得消沉，让团队中的实干家变得没有干劲。你可不能失去这些人，也不能夸下海口。不然，就是自寻烦恼了。

◤ 练习：构建愿景

在搜寻故事之前，你要做些准备工作。首先从你的个人愿景开始。你的愿景是什么？首先，想象一下 5 到 10 年之后的样子，想象那时已经成就了许多具体目标的你（用几个具体目标做实验，然后依次为每个目标勾画一个愿景）。让你的想象力带你度过一个充满具体细节的、平凡的一天。你可能要等待，但如果你保持耐心的话，想象力会自行发挥作用的。人类有着巨大的前额皮质，专门为用故事进行情景规划而设计。我们也要好好利用。随着故事的发展，大脑会利用所有过往经验进行推断，找到可能的机遇和阻碍，也能捏造出有效地达成目标的记忆。哪些是重要的？有谁参与其中？发生了什么事？

你可以像四格漫画一样图解自己的愿景故事，或者找到你想象中的成就、困难、事件的类比物。你从以下四类故事中找到灵感。理想状态下，还能找到融合“为什么”和“怎么做”于一体的故事，这不可多得：一个不仅能激励你行动，还提供相应策略的故事。阅读下列示例的愿景故事，让自己思绪飞扬，并且记下你的想法。让你的想象力自由驰骋，去探索、去期望、去重组、去改变路线，直到你找到了一个接近成功的、合理的情景。如果你觉得一个故事不对劲的话，别人也会觉得不对劲。

你的光辉时刻

1992年的秋天，我在墨尔本的智威汤逊公司工作。那时我刚刚为福特经销商设计完成了一个不错的试点计划，决定在下一年将预算从20万美元提升到200万美元。“当权者”决定让更有经验的人运行“我的”计划。我接受不了，觉得自己不适合做广告宣传工作。

那年早些时候，在个人发展讨论会上，我被问到这样一个问题：“如果你掌控了全世界的财富，你将会做什么？”我立刻就知道了答案：“我要让各个团体在自我定位和合作目的上达成一致意见。”但我的“愿景”太过模糊，没能做出任何真正的改变，只是在混日子。我预见不到那样的未来，更别提实现目标的计划了。潜意识里，我觉得要给自己找一个隐喻才行。

一天晚上，我做了一个梦，这改变了一切。我梦到自己在一个有20多个站台的火车站。我和母亲坐在一起，喝着咖啡，旁边放着我们的行李，我们等着一小时左右后上车。我站了起来，说要四处走走。我想看看我们应该去往的站台。我走了好远，当我站在站台上时，我们的火车到站了，早了一小时，扬声器里说火车将在三分钟后开车。我没拿着自己的行李，我也没拿车票，我母亲不知道我在何处，但我还是上了车。

如果我去找自己要拿的东西，那我就会错过火车。我清楚地记得自己这样想，“我只能边走边看了”，然后我试着解决接下来所面临的问题：跟列车员说自己没有车票。

第二天早上我醒来后，我明白自己要做什么，辞职然后搬回美国，找一个研究生课题，找导师，开展一个新的职业生涯。有的人觉得我崩溃了，尤其是我的母亲。从常理来看，应该找到下一个工作后再辞职，至少要对下一个工作有个大致的预想。我既没找好工作，也没大致预想。

1993 年 4 月 23 日，我飞回老家路易斯安那州，在六月份的时候开着车在国内游荡，到八月份的时候，我找到了一个研究生课题和一个导师。到了 1997 年，我取得了研究生学位，跟随导师获得两年工作经验，也签下了自己第一本书的合同。当我的新书出版后，我开始了自己的事业。

我的愿景告诉我，不买车票、不拿行李，就那样跳上火车，然后再随机应变考虑细节问题。

一个固定不变的愿景故事比不上一个可以随机应变的愿景故事，你可以根据具体情况和细节随时改编和修改。

你失意的时刻

我的第一任领导，在我给客户发邮件前，要逐字查看，在我给客户做演讲前，要对我的演讲品头论足。她返还给我的信总是布满了红色的批改，有删除的句子，还有潦草的修改。每次演讲都要重新组织，重新措辞，直到我的领导琳达满意为止。

那之前的一年，我在一个相当严厉的演讲课上丧失了全部信心，讲师会在即兴演讲过程中打断我们，其他的参与者会投票决定你是否留在台上。我备受打击。《幸存者》也许是档好节目，但这种形式不利于培养沟通技巧。

这些经过多次修改的演讲十分乏味、不流畅，我和大家都觉得很不舒服。我不适合做牵线木偶。

一天，我要在琳达不在场的情况下做工作进度汇报，她去做胸部手术了。我不用取悦老板，所以我按自己的方式做了演讲。我做了 15 分钟长的演讲，头一次，演讲内容不是为了躲开领导的批改，而是为了让客户满意。好家伙！客户非常满意！对方的夸赞让我有点尴尬，好像是在问我："你之前是怎么回事？"

那天之后，我发誓再也不做他人的传声筒。我决定做我自己，用自己的方式讲自己的话语，如果搞砸了，我也愿意承担所有后果。我明白了，如果我不能把信息变成自己的，那就要重新思考信息了。

良师益友

不知你是否曾因为讲真话而陷入麻烦，我曾有过这样的时候。我曾说过令人不快的真话，也指出过人们选择视而不见的问题。与其说是有着过人的勇气，我觉得我的行为更应描述成缺乏思考。不过，既然这是我的本性，我就要巧妙地应对接踵而至的问题。

我接受异端者这种形象，然后寻找一个关于异端者成功的故事，从而学习如何讲出真话的同时又免于火刑的惩罚。我在伽利略那里得到了启发。

我最喜欢他这个说真话的人，原因有很多，不过最重要的原因是，他既坚守了真理，又避免了火刑。布鲁诺是和伽利略同时代的人，他也说了伽利略说过的话，但他却被绑在柱子上烧死了。伽利略最终只是受到软禁，反正在那个年代，想要长途旅行也相当困难。

人们整日告诉我“要有选择地战斗”，但这类空泛的忠告并不能让我们想出具体对策。伽利略的故事则有用多了，他有能影响局势的朋友，也恰到好处地处理着和“真理”的关系。为了能逃过宗教法庭的惩罚，伽利略真的签署了一份供词，承认自己有过失，声明太阳围绕着地球旋转。之后，他继续写作，继续发言，虽然他的行为一直受监视。

> 我时常问自己："伽利略会怎么做？"传说伽利略曾收到过朋友的一封信，乞求他能插手帮帮布鲁诺，让他免受火刑，但伽利略拒绝了。他保持了沉默，也许是因为他没有足够的影响力，也许是他选择了自保。这让我想起了祈祷平静的那句话："赐予我智慧，让我分清可以改变的事和无力改变的事。"伽利略热爱真理，但他却不会选择成为殉道者。当教皇逼迫伽利略签署供词时，伽利略立刻就妥协了。
>
> 但是，伽利略的高明之处在于，他写了一个故事，内容是三个人物辩论正反两方观点的优点和正确性。这本名为《关于两门新科学的对话》的书，在他去世前四年出版发行，现在这本书仍在发售。
>
> 伽利略让书中人物说了自己不能说的话，也让书中人物用问题揭露了他禁止讨论的真相。伽利略是个狡猾的老人。他致力于真理，又能灵活地改变手段——这是我要记住的经验。

在某种程度上，人类的每一次事件都是重复之前发生过的事情。如果你仔细观察，你会发现你崇拜的某个人已经克服了重重困难，达成了和你的目标极其相似的目标。

一本书、一部电影、一件时事

有很多电影都包含愿景故事。《冰上奇迹》（2004年）讲的是1980年的美国冰上曲棍球队的故事，告诉人们要团结。《奔腾年代》（2003年）则代表了弱者不屈的精神。《果岭奇迹》（2005年）让我不由得坐直了观看，因为这部电影提醒了我是谁，我属于何处。但是这类电影都是关于竞赛和运动的，其中有赢家也有输家。

我喜欢竞争，但我对生活的大愿景可不是一场竞赛。10多年前，我决定像个艺术家一样生活。我认为，商业和组织和社会的其他组成部分一样，都需要艺术。我来自美国南部，所以我关注约翰尼·卡什（Johnny Cash）也不奇怪了。

约翰尼·卡什是一个多产的艺术家。他的唱片生涯开始于1955年，据说他写了1000多首歌曲，发行了153首单曲，96张专辑。1968年后，约翰尼·卡什和琼·卡特结婚，他的毒瘾得到了控制。他和“经理人”的多数争论似乎都是围绕真实性展开的。他在《约翰尼·卡什自传》中写到，他已经厌倦了自己的唱片公司——哥伦比亚广播公司，因为公司不停用人口统计的方法给予他建议，例如，“新增乡村音乐粉丝”和“最新市场调查”，以及其他基于数据的动态①。

1974年，约翰尼·卡什觉得自己和哥伦比亚广播

① 约翰尼·卡什，《约翰尼·卡什自传》（纽约：HarperOne出版社，2003年）。

> 公司“貌合神离”，于是卡什给公司制作了一张名为“黑鸡”的唱片，“黑鸡”代表了“故意为非作歹”。他甚至强迫公司为其在纽约制作的视频掏腰包，他在视频里扮成了一只鸡。第二年，也就是1986年，哥伦比亚广播公司拒绝和卡什续约。令人吃惊吧，约翰尼·卡什利用了非暴力不合作的方式。

我之所以喜欢这个故事，是因为这正好符合我的作风，我排斥那些不能让我立即理解其背后意义的数字。如果感觉不对的话，我就不会去做。约翰尼·卡什长寿的职业生涯证明了，坚守立场是对的。卡什61岁时复出，造成的轰动让执着于统计的哥伦比亚广播公司艳羡不已。

“穿着破烂，不及酒鬼的[①]”制作人里克·鲁宾（Rick Rubin）让卡什相信，他会制作卡什想录制的所有音乐。鲁宾是红辣椒乐队和野兽男孩的制作人，他告诉卡什，他并不十分熟悉卡什热衷的那种音乐，但他有心聆听全部。鲁宾认为卡什的音乐能吸引更年少的听众群，但卡什对此表示怀疑，他觉得那不可能。鲁宾则说：“听众需要的是你赋予音乐的那股激情和热情……尽管保持真诚就好。”那股真诚劲儿让卡什的专辑赢得了四座格莱美奖。

真实，其正反两面都体现在了卡什的传奇中。约翰尼·卡什的人生证实了，不要放弃自己的艺术，不要出卖自我。我穿着约翰尼·卡什的T恤去商店时，会有陌生人冲我竖起大拇指，这就是证明。

---

① 这是卡什第一次见他时的感受。

不过需要注意的是，依我个人拙见，最好不要借虚构的小说寻找愿景故事，因为即便是最棒的小说也是虚构出来的，小说可能已被理想化，小说为了吸引人们的注意力，肯定也充满了人为操纵的痕迹。真实故事的好处在于，这些事情真的发生过（至少发生过一次），因此，你将它们重现的概率就更大了。

第十三章 行动体现价值

几乎每个和电信部门、电视公司、水管工、电工以及其他服务商的不愉快经历都可以成为在行动中体现价值观的故事，抱怨航空服务的故事也一样。这些讲述糟糕经历的故事描述的是自私和冷漠的价值，人们讲得太多，甚至已经养成了互相比较“你还有比这更糟的经历吗”的坏风气。

想象一个名叫德里克的水管工周六一大早就来到了我家门口。他带着自己的儿子，他们本来是要去看足球比赛的。尽管如此，德里克还是腾出时间帮我修好了我客房洗手间里的渗漏问题，而我母亲周日要过来留宿。他所做的远远超出了他的职责范畴，他展示了尊重、热爱家庭、守时、慷慨、胜任工作这些个人价值。

然后，还有一个叫泰德的安装工，两次爽约，迟到，最后也没有装好后门，发票上给出的价钱是他报价的两倍。这是一个关于拖延、无礼、失信于人的故事。

然而虽然德里克的行为超过了我的预期，但他的故事却不能引起太多情感共鸣。

一般来说，德里克的故事更能激励一个人超越自我，因为通过讲述这样的故事，我能再次感受到这个世界充满了慷慨的人们，这个故事能反映出我的美好品德。

第二个故事则让我们觉得愤世嫉俗，让我们记起人的自私和不可信赖的一面。这个故事并不会激发我帮助他人的欲望。但即便是这样，一旦有人提到有关服务商的话题，泰德的故事还是会跳出来，争抢“最糟糕服务商”大奖。

部分原因可能在于，讲述糟糕的经历能让我们稳定自己的情绪，从过去不好的经历中走出来。但是，与其一遍遍讲述同一个故事，一次次重温不良情绪，不如重新组织糟糕的经历，让其透出积极的信息，这样更加有益身心。在行动中体现价值的故事可以激发灵感、创造力、创新力，也可能会带来沮丧和漠不关心。稍后我将讨论如何讲这类故事，不过首先，我们先看看如何将价值观转化成日常故事。

◤ 比喻就是迷你的价值观

我们每日交流中讲述的故事和比喻在一定程度上显示了我们的价值观体系。比喻就是一个个的迷你故事，将复杂的状况带入熟悉的模式之中。我们常用战争做比喻：例如，抗击艾滋病。通过战争比喻，我们表达了找寻艾滋病治疗方法和防止艾滋病传播的渴望，这样显得更加紧迫，对一些人来说，这样也显得更“志在必得”。

很多人青睐战争类的比喻，是因为这让他们感觉更有力，也更有斗志。这类比喻激发了他们或战或逃的反应，刺激了肾上腺素和皮质醇的释放，促使人们行动起来。战争让人变得有活力，而“治愈病痛”则更温和，更复杂（在一些情况下，能激发人们更深刻的见解）。

比喻能抓住重点，简化问题，不过有时，比喻也会制造隔阂，将问题过于简化。在无意间比喻拨动着我们的情绪，支配着我们的资源，如果稍加留心，我们可能会做出不同的选择。例如，人们普遍认为工厂、产品或信息系统的最佳状态就是“稳准狠的战斗机器”，能让你“减少肥肉”（比喻精简）和“剪掉枯枝败叶”（比喻淘汰无用之人）。

但想一想，如果将这些比喻应用到人们身上会怎样。是的，人们也可以成为“稳准狠的战斗机器”。也许你面对过那些像机器一样做事的人，也可能你觉得自己就像个机器。你的感觉全部麻木了，因为“稳准狠的战斗机器”这种比喻会减少人情味，让我们这些有缺憾的凡人丧失对另一个凡人的同情心——这会破坏那些充满人情味的价值观，破坏人道主义体系。

一个公司用“白璧无瑕”这样的比喻来形容其会计业务是可以的，因为这就是我想让帮我报税的人做到的：完美执行。但这个公司也需要相补充的比喻，顾及人性的一面——人是复杂的个体，并不能达到普遍认为的那种完美。人们说“顾客永远是对的”，但这个概念要和相应的价值观放在一起才能行得通，例如，信任、宽容、互惠、宽恕等涉及现实生活中含糊不清的方面。事实情况是，脱离了正确的价值观，顾客就并不总是对的。

一天晚上——我感到烦扰、疲惫，而我又因为旅馆的房卡不起作用而生气，于是我气势汹汹地走到楼下前台，把卡丢给接待员看，并说："这卡坏了。"我可能还恼火地叹了口气。

接待员咧着嘴笑了笑，眼里闪着光对我说："可能是因为这张卡不是我们旅馆的。"

我看了看，发现我拿的那张卡是我刚离开的那家旅馆的。我犯了错，并且我的态度也很粗鲁，但他的情绪感染了我，我也冲他笑了笑。

"哦，那么，这卡不能用的原因可能是这个，是吧？"

我们都觉得我的行为很搞笑。

"完美执行"先生本可以因为我的愚蠢和鲁莽而让我出糗，但是，这个人却选择原谅我这个有缺憾的人，打趣一下，让我挽回颜面。我们一起创造了一个"顾客并不总是对的"故事。

正直的故事

在我看来，正直就是在无人知情的情况下仍旧做正确的事，不欺骗，不自私，不篡改数据。也就是说，表现正直时往往没有人旁观。如果你不讲出你的故事，没人知道你坚持做了正确的事。

此外，正直对不同的人有着不同的意义。

我的父亲是一个退休的政府职员，也是一个预备役部队的中校，对我的父亲来说，正直意味着他按照老板的要求去做。而对我而言，正直意味着，如果我的客户让我做些与我的价值观抵触的事情，我会拒绝。我不会为一个利用员工的公司宣传信任故事，无论回报有多丰厚。

价值观从不是界限分明的，因此，如果你真心想构建一个能够指导人们行为的集体价值观，在行动中体现价值的故事就显得格外重要。在推行工作文明之风的活动中，美国退伍军人事务部的吉姆·法卢奇（Jim Falucci）就和他的员工分享了一个故事，讲述成功改变人们在美国退伍军人事务部医院里对吸引的看法。

吉姆说那时人们对医院里的吸烟行为已经习以为常。没人说可以吸烟，但是这是默许的。改变是从禁止人们在电梯里吸烟开始的。吉姆说当时只有他愿意出面阻止一个人点着烟上电梯，这让他感到很沮丧。"现在，"他说，"那些在楼里点烟的人都会受惩戒，更不用说那些在电梯里抽烟的人了。"

这个故事让人们注意到，勇敢说出自己的想法可以改变人们的行为。他用抽烟指代所有不文明行为。似乎人们都不愿意出言纠正不文明行为，所以医院才会容忍这种行为。不文明行为似乎得到了人们的默许。

在团体中，做第一个禁止吸烟或指正其他不文明行为的人需要勇气。坚守价值观往往会损害你的短期利益。我记得，当我让一位亲戚不要再用带有种族歧视色彩的语言时，热情的对话突然变得生硬起来。这损害了我的短期利益，不过从长期来看，却提高了家人的社会意识。只有人们衡量了坚守价值观的结果后，仍继续投资于价值观，才能让价值观有所回报，因此，在行动中体现出价值观的故事是如此重要。

一个将尊重作为核心价值的组织，其内部应该充满努力给予人们尊重的故事。如果你找不到有关尊重的故事，并不意味着你不擅长收集故事。然而这可能意味着，当下团队里有其他的价值观盖过了尊重。

我曾与一个跨国公司合作过，这个公司关注的是“卫生问题”——这是他们对市场信任度较低的比喻。那时，这家公司在识别和发掘市场，以及创造机遇方面可谓是无与伦比的。这家公司擅长做决策、抓住机遇、利用伙伴关系，目的在于赚取钱财、增长市场份额，在这方面，这家公司确实算得上是世界一流。

有一年，他们发布的新品十分多，因此他们称之为“趾高气扬季度”。他们邀请我搜寻能够彰显他们信誉的故事。然而，我却让他们注意供应商、顾客、合作伙伴讲述的故事。他们看重速度、优秀、增长，而这意味着他们会常常认为合作伙伴效率低、表现欠佳，也因此抛弃或忽略了一些合作伙伴。这家公司寻求一切增长机会的行为，让合作伙伴和客户觉得他们不值得信赖——换句话说，他们为了追求快速增长而失掉了信誉。

考虑文化下的价值观

每种文化所看重的价值观各不相同。两种文化相碰撞时，最好开始分享体现价值观的故事，否则，人们会得出“他们不值得信赖”或“他们为人不正直”这样的论断，而实际上，他们只是对这些价值观有不同定义而已。

文化碰撞既会激发创造力，也会产生矛盾。但如果你理解不同团体的文化价值观后，这些团体的矛盾就会迎刃而解了。如果你肯花时间让人们分享在行动中体现价值观的故事，给人们表达自我价值观的机会，既言之有理，又不让来自不同背景的人感到受人批判，这样就能增强互信，激发创造力。这样问一个美国人，如果目击了肇事逃逸事件，是否会告发司机，多数人肯定毫不犹豫、斩钉截铁地说：“会的！”任何人都会，对吗？然而在一些文化中则不同。如果是在一个等级观念严格的国家目击了肇事逃逸事故，他们往往会假装什么也没有看到，如果司机是自己的老板，就更是如此。他们还有自己的家人要养活呢。

人们之间产生矛盾后，往往讲述一个故事，解释导致问题出现的价值观，这样一来，许多巨大分歧都能弥合。美国人有着民族优越感，这导致了大家习惯拿自己国家的价值观做准绳，认为只有本国的价值观才是理性的。并不是所有人都同意早起的鸟儿有虫吃的观点，或者是自我推销的观点。价值观是在模糊不定的情况下为了澄清问题才产生的。

和许多价值观一样，信任不是一种理性行为。信任意味着，即使我落魄了，你也不会离开我。信任意味着如果我为了你付出，你将来也会为我付出。信任从现有结果中发现善意，给人以第二次机会。客观理性思维太过拘束，无法从复杂的人性中产生或培养忠诚。即便是决定取消一个系列产品的合理决策，也会让产品经理产生不快，怀疑决策的制定过程和传达过程。

出国经历可以让你跳出自我狭隘的理性思维。当你只有在本国的经历时，一些结论可能是显而易见的。而你则有可能忘记不同文化下的价值观定义也有所不同，例如对正直、信任、成功的定义。一个美国人可能理所应当地认为，薪酬的分配制度就是应当奖励个人努力，而这在一个日本经理眼中则是错误的，他会一样坚定地认为，好的薪酬制度不会让个人超越集体。

◤ 练习：确认你的价值观

了解自己秉持的价值观，坚守自己的准则，这不仅是好的商业头脑，也决定着你的幸福感高低。在搜寻故事之前，先花些时间思考，写下四项指引着你行为的重要价值观。这些会随着时间而变化，在生命中的某一时刻，某些价值观会超越其余的价值观。（如果你不介意付费服务，可以在 http://www.valuesperspectivesbook.com 网站做在线调查，网站会给你一份报告，显示你当下最看重的品质。）

想象自己正面临诸多不尽如人意的选择，如果最终的选择让你觉得自己做对了，那么这个选择就是符合你自己的价值观；如果最终选择让你觉得自己做了错事，那极有可能这种选择是与你的某种价值观相悖的，而这种价值观是你内心行为准则的一部分。

你的光辉时刻

有很长一段时间，我依据我的第二本书——《大胆说真话》的理念，开设了一个协调者培训班。培训班用正式的方式暂时增进一群人的交流，这样每个人才会敞开心扉，说出隐藏的目的和“可能引起后果的真相”。这类谈话不适合心灵脆弱的人参加。这项课程只接收 10 名参与者，因为每名参与者都要说出自己的想法，关于人们“应该”在团队中作何表现，以及“应该”作何改进。这是一个十分私人化的流程。

课程开课时间定在第二年的一月份，到十一月的时候，已经有 5 人报名了。我不用等满员再上课，但我总会再确认一下。电话响了，一家大企业代表问我还有多少剩余名额，我告诉他还有 5 个。

他说：“那我们就报 5 个名额。”

好吧，这似乎是个好消息，但我却陷入了道德难题里。所有已经报名的参与者要么是个体经营者，要么在以自己的方式赚钱。他们涉及的行业也不同。如果你曾参加过一个课程，里面有一半的学员全部来自同一家公司，那么你肯定知道，小组讨论的事例往往会由小组中的大多数人，也就是来自同一公司的人支配。我觉得这对一开始就报名的 5 个人不公平。此外，最先报名的 5 人都是自费的，而后报名的 5 人的开销肯定会由他们公司报销。

为了不违背自己的良心，我必须回答说：“我们可能不能接受5名来自同一公司的人报名。这对小组中的其余人不公平。我现在可以接受2人报名，然后剩余的3人在年末前接受培训，或者直接在明年接受培训。”

电话那一边的人停顿了很长时间。“你是在拒绝我吗？你拒绝人们报名？”

我尝试解释我的理由，但他并不接受。“那我们就不会派人参加了。”

我说：“你做出这样的决定，我很抱歉。”我虽然对错过机会感到遗憾，但我还是觉得自己做了该做的事情。

随着时间的推移，对价值观的考验会让你更加明确自我的价值观。当你选择坚守一种价值，而不是选择那些更容易、更廉价、更快捷却会让你心生愧疚的选项时，核心价值就显露了出来。符合自我价值观的选择会让你的内心更平静，而这些选择的背景就是一些精彩的过程，能够转化成用行动体现价值观的精彩故事。

你的价值观肯定经受了多次考验。你要做的就是选择一个这样的例子，讲述你本可以不那样做，但你还是坚守了自己价值观的故事。尊重、可靠、准确、信用、同情、制胜：在每一种情况下，你总是选择符合核心价值的那条最艰险的路。将情况一五一十说出，假如你曾犹豫过，也要诚实袒露。这样，显示你差点没做那件“正确的事”，会让故事变得更加真实。

你失意的时刻

老实说，我没想到在海军基地教授人们讲故事时，会得到如此发人深省的启迪。事实证明我错了。我们的军队来自国内最优秀的男男女女，军队的锤炼也给了他们优良品质，这都是军队以外的团体无法企及的。这是一个套着故事的故事，但我还是决定保留两者，因为将两个故事分离后，有时就丧失了故事的原汁原味。

> 60 名军人坐在培训室里。培训课程公开接受报名，和一般的军事传统不同，参与者的军衔有高有低，但大人物和小人物都坐在了类似高中课堂上的连桌椅里。讲故事的时候能让人们变得平等。
>
> 到了午餐休息时，学员都快步走向了船上的厨房用餐——只有一个男的没动，之前我对他并未留意。他个子不高，但矮小结实，长着一头红发，脸上有些雀斑，是那种看不出年龄的人，可能是 14 岁，也可能是 40 岁；实在是分辨不出。我们在那空荡荡的屋里，是留下的最后两个人。我不知道他在等什么，我在等培训主管贝蒂·布鲁姆勒接我，她和我要去外面吃点午饭。
>
> 往外走时，她看了那男的一眼，说道："又是月末，真讨厌。"我露出疑惑的表情，她继续说："他破产了——直到本周末才能拿到薪水，这之前都没钱买午饭。我看他经常这样。"
>
> 我回头看了看。他正望向窗外。

我们坐上贝蒂宽敞的红色凯迪拉克（她很有范的），然后去吃些蔬菜和玉米面包。回来的路上，她没作任何解释就把车开进了福来鸡的汽车餐厅，她在点三明治和饮料的空档还和我在谈天。我以为有人让她帮忙带饭。

我们回来之后，她陪我走回培训室，走了进去，把三明治和饮料放在旁边的一个桌子上，冲着整间屋子说道："有人弄错了我们的点餐，多给了我们一个三明治，我不想浪费，我觉得你们这些小伙子们可能会吃。"就像我说的那样，贝蒂显得很有范儿。我离开了一分钟，等我回来之后，"红头发"已经快要喝光饮料了，食品袋也揉皱成一团，放在他的桌上。

我笑了笑，让人们各就各位，询问他们谁愿意讲一个故事。"红头发"的手刷地一下举了起来，我请他到前面来，他讲了自己的故事。

"我之所以在海军参军，是因为我喜欢的一个女孩参加了海军。当然，我再也没见过她。"他顿了顿，等人们的发笑。"但这也无所谓了，因为在那之后的14年里，我大部分时间都是醉醺醺的，要么就是精神恍惚的。两年前，我自愿参加了治疗项目，那是我自己做的决定，我已经两年滴酒不沾，也没有碰过任何毒品了。"

"我戒除酒瘾和毒瘾后，我才发现了非常重要的一点：我讨厌海军！"他停顿了很长时间，人们的笑声才终于弱了下去。"事实上，我讨厌一切的政府机构。

但我只需要再熬几年就可以拿着全部福利退伍了。我退伍以后，要尽可能地远离现在的这种生活。但在那天来临之前，我想让你们知道，只要我人还在这里，你们就可以指望我一天。我会听从指挥，在命令的时间，到命令的地点，做命令的事情。”

整屋的人们不约而同鼓起掌来，当他回到自己的座位上时，有几个男兵还拍了拍他的后背。坦白说出一些丢脸的事情非常不容易，但却能获得情感上的自由。当你讲述这样的故事时，人们会欣赏你的谦逊，你有着这样谦逊的品质，才能承认你曾经做过让自己失望的事情。

我建议，在你人生完全结束的章节里搜寻故事。这件事不会再让你感到羞愧。如果你还没有原谅自己，或是没有完全从中走出来时，就先别讲出来。人们说，悲剧经过一段时间后就是喜剧。等到你能对其一笑了之的时候，再讲述这个在行动中体现价值的故事。

找一找这样的故事：你本应当做正确的事，却出于某些原因，你没有这样做。每个人都有这样的故事。故事的魔力一直蛰伏着，直到你讲出来才能将其释放。当你讲述一个没有达到自我标准的故事时，有那么多人会对你表示感谢，你也许会为之感到惊讶。显而易见，你并没有纵容自己的失败。你所做的就是在彰显谦逊的品质。我们都有跌倒的时候。

良师益友

每个人都会有一个或几个故事来解释正直品质的价值观。在上一个故事中，贝蒂让我明白了，正直也可以是随时展示你的品德：她所展示的就是慷慨和善良。有一次，我为 2000 名电子产品零售人员培训，我让他们结组，讲述一个有关正直的故事。我很确定的是，与我的故事相比，他们想出的故事更符合他们的企业文化。也确实如此。我之所以喜欢以下这个故事，是因为这个故事充满了“男人味”。

> 我经常参加这种会议，大部分这种会议都像拉斯维加斯的这个会议一样，周围布满了赌场。我喜欢赌博，但我可不喜欢输钱。于是，我和我的好兄弟杰克商量好了，我们要平摊风险。只要我们一起去赌场，我们就将赢得的钱五五分成，这样玩起来更有趣。
>
> 所以昨晚，我们玩了二十一点，还玩了点轮盘赌，但我总是输。总之我很疲倦，我决定还是早点上床休息，如果凌晨一点还算早的话。总之，今早吃早餐的时候，杰克像只柴郡猫一样地笑着走过来，把 1500 美元现金扔在了我的咖啡杯旁边。
>
> 我问他：“这是干什么？”
>
> 他说：“我们昨晚赢了！3000 大洋，这是你的那份儿！”
>
> 我跟他说：“伙计，这是你的钱，不属于我。我昨晚打了退堂鼓，没和你一起玩到最后。”
>
> 他的脸皱成一团，觉得我疯了，他说：“说好的就

> 是说好的。”然后走开了。
>
> 好了，我说这样的行为就是正直。他本不用和我平分那笔钱。我不知道我会不会和他平分。但我敢打包票，以后我会的。
>
> 说好了的就要算数。

你的良师益友是如何教你坚持做正确的事的？你所在的行业、文化、组织中有谁代表了至善？如果你想影响自我团体之外的人，最好选择符合听众文化、历史、种族的人物。当涉及价值观的时候，不要妄下结论，给你启发的人不一定能给别人一样的启发。额外的调查十分有用。

当你为自己的家人、组织、文化群体讲故事时，你要做的不过是找出整个团体最钦佩的人物，一个在行动中体现价值观的故事就会成型了。当你想用例子证明自己的价值观时，就找到你个人十分钦佩的人物。任意选择你所钦佩的人的事迹，然后分析那些事迹中彰显的品质，这是个有意思的过程。

一本书、一部电影、一件时事

萨拉·劳伦斯–赖特福德（Sara Lawrence–Lightfoot）所写的《尊重》一书十分精彩，基本上就是一本讲述在行动中体现尊重的故事书[①]。在这些精彩的故事中，有一个故事是关于詹尼佛·多恩

① 萨拉·劳伦斯–赖特福德，《尊重：一次探索》（雷丁，马萨诸塞州：玻耳修斯出版社，2000 年）

（Jennifer Dohrn）的，她是南布朗克斯区诊所的一个护理助产士。对我来说，詹尼佛的故事中最引人注意的细节是：詹尼佛迎接每个新生婴儿时，都会精心打扮。产妇即将临盆时，她会佩戴上自己最好的珠宝，穿上华丽的衣服，化上全套妆容，因此“当宝宝降生时，第一眼看到的外界世界是美好的”。

我最开始做演讲时，我的评估表上的负面评价是关于我着装的。他们说我的着装太随意，甚至有些“不专业”。我穿着守旧，并不时髦。那时，还没有《时尚大忌》这套电视节目，不然我有可能会成为参加者。我当时认为，我所说的比我的外表更重要。

我从书中借鉴的詹尼佛·多恩的故事让我明白了，我的着装体现了我对他人尊重与否。在过去的几年中，我了解到，尊重体现在无数的小细节中，不局限于我极度理性的思维方式。这则故事特别强调了，关注象征性的细节也是一种实在的交流方式。

> 一个婴儿怎么会知道詹尼佛有没有抹口红呢？她说，婴儿的母亲可能会注意到，婴儿的父亲和婴儿的兄弟姐妹们有可能注意到。他们有可能以她的行为做标榜，提升自己的行为。她用口红做出榜样，可能会让触摸更温柔，可能会让温声细语更长久，甚至可能会让家人在内心做出承诺，提高家庭的生活水平。
>
> 一切都一样重要，詹尼佛知道这点。她为这些新生儿扮上盛装，她讲的故事明确显示了她对所有生命的尊重，无论对方是贫是富。像詹尼佛一样，现在的我也会注意着装和妆容，这样人们能一眼看出，受邀来为大家做培训或讲话，我为此感到十分荣幸，我十

分感激可以聆听他们的故事。

和愿景故事一样，我觉得也要提防那些过于理想化的价值观故事。如果电影或书中的故事缺乏可信度，那你从中改编的价值观故事也不会那么可信。

有时，对一个情节的简要概括就可以表达一种价值观。别对电视节目嗤之以鼻。比起重温陀思妥耶夫斯基的小说，大部分美国人可能会对来自《辛普森一家》的价值观故事更有感触。

第十四章　我理解你

工会代表和管理者为了解决一项投诉而会面时，双方在进屋前都有着先入为主的看法。他们可能觉得自己是带着开放的态度来谈判的，但无论我们有意还是无意，我们的思想总是固守着自我的利益。热情的握手和灿烂的微笑背后，潜伏着隐隐的怀疑。管理人女士可能私下认为，工会代表太自以为是，被暂时的权力冲昏了头脑，要么就是故意找麻烦，想趁乱从矛盾中谋取利益。

工会代表先生可能私下里认为，管理人女士就是个可恶的、爱管教男人的河东狮，就因为一些“女人间的那点事”，总是和他的委托人小姐过不去。其实双方都可以用一个我知道你在想什么的故事打破僵局，提升对方对自己的好感。

工会先生可以讲“我的父亲是这样跟我说滥用职权的下场的”，或者管理人女士可以讲自己刚开始工作时“表现得太过刁蛮，我对此感到后悔”。这两个故事都能骤然改变谈话气氛。“我知道你在想什么”的故事能打消对方潜意识中的反对意见，而不会造成对峙局面，并且还有可能说中对方的真实想法。

◤ 认可的力量

人类都渴望着被认可。其实认可对方，你不会失去什么，有时还能让对方做出实质性的让步。与之相比，如果否认对方的观点，你为之花费的时间、金钱、精力都会翻倍，还不如用来打动一个人划算。

看过电视真人秀上夫妻争吵的人们都知道，蔑视对方的想法会让矛盾升级。即便你觉得爱人的感受很荒谬，并且，那也不是你"本想"让她得到的感觉，向她再一次说明她"应有"的感受只会火上浇油。他对她说："你太无理取闹了。"她对他说："你真是个冷漠的白痴。"两个人都是在否认对方的观点。

即便我们假设这些话语与事实并没有什么偏差（经常是这样），也会起到推波助澜的作用。但神奇的是，如果他说的是"我明白，我对你绘画开的玩笑可能会让你觉得我在批评你"，而她说的是"你说的有道理，我画的男人确实有些结构不协调"，那么他们都会冷静下来。他们就可以少些辩解，多些坦率。

争论之所以会产生，大多是因为人们总是希望他人能聆听自己，能尊重自己，而很少是因为"固执己见"。这就是我知道你在想什么这类故事的用武之地了。这类故事能消除异议，让你对听众脱帽致意，表示敬意。

有一个恰好能说明这个观点的故事。我见过一名外科医师，他总是发泄情绪，不耐烦地驳斥他人，尽管他总想说服助手不要把这些放在心上，但人们却并不相信他，这让他感到沮丧。这种情况并不鲜见：外科医师需要有着足够的自信才能挥刀进行手术，但过多的自信又意味着缺乏对他人的尊重，因此，很多外科医师的助手对他们的意见也数不胜数。这名外科医师忘记了一点，实际上，他的助手和他一样，都在全心全意地关心着患者的安危。

之后，他学会了表达我理解你，提前向人们道歉，以免下次他再次陷入全神贯注的“何事何人都不再重要”的状态。他解释说，他知道自己全神贯注起来可能会给人以轻视他人的感觉，但他实际觉得他人和自己一样重要。他的故事认可了他的助手，将助手视为有血有肉的人，视为不错的同事，这样一来，人们自然可以忍受他心无旁骛所带来的副作用了。

心有灵犀一点通

讲述一个我理解你的故事，你的听众会觉得你读懂了他们的心思，知晓了他们的秘密想法。如果能够如此指出听众的观点，如此洞悉听众的观点，那么听众对你的好感也会上升。

试着找出目标听众隐藏起来的怀疑之处。这并不难做到。当你将隐藏起来的反对意见暴露在阳光下时，对其进行公开审视时，这些意见通常会消减，直至消失。

在军队中，等级地位和政治审核有着紧密的关联，这两者的意思往往可以互换。如果你的政审级别越高，就说明你的地位越高。但我并没有经过政治审核，因此我预料到，很多处在军事系统中的客户自然会猜想，我的学历和地位究竟如何。因此，我公开提出了这个话题，然后重新阐释了这个问题。

我当时在和空军情报局合作，一个“大人物”坚持邀请我和他们共进晚餐。

他说：“我们得设法让你通过政审。”

我跟他说：“没门。”

他收起了下巴，低头从他的眼镜上方看着我，我认为他觉得我要么是在贩毒，要么就是在哪藏了个尸体。我解释道：“你不能让我过政审，因为我不值得信赖。”

好吧，我是有点在逗他，不过机会难得，我没忍住。在他开口之前，我赶紧继续说：“为了准备这个课程，我做了一份黄色的文件夹，贴了一个‘空军情报局’的标签在上面。上周我去做足部护理，带着这本文件在沙龙读。等我完成足部护理后，走出了沙龙，把这本文件忘在了沙龙里——文件就放在了其他阅读材料的最上面。我经常做这种事。我就是心不在焉的。”

然后，我又解释道，我体内就没有保守秘密的基因，有时我觉得自己写《大胆说真话》这本书的原因，仅仅是为了减少我应该保守的秘密数量。然而，我也跟他说，这也是我如此擅长做这行的主要原因之一，对此我深信不疑。我可以设计利用各种手段和方式，减少阻塞沟通的秘密。“没有政审，我给你们带来的益处就更多。”我总结道。

我讲的故事显示了“地位”和“政审”之间的隐含联系，也将这两者分开来看，证明这两者并不相等。如果我不预先这么做，那我很有可能会失去这次机会。

◤ 设计故事的影响力

当构建一个我知道你在想什么的故事时要记住，调整信息的排序方式能够很好地支撑你的观点，更易提升影响力。例如，为了宣传节食计划，只有“减肥后”图片，而没有“减肥前”的图片作参照，那么节食计划的销量肯定不会太好。

我推荐罗伯特·西奥迪尼[①]（Robert Cialdini）所写的《影响力》一书。全书我最喜欢的一个故事摘自一名大一新生给家长写的信。在信的开头，她跟父母说自己的颅骨骨折正在痊愈，火灾也没有那么严重，毕竟清洁工让她住在他家里，还有，顺便说一句，她也怀上了他的孩子。最后一段则说出了实情，她没有颅骨骨折，没有火灾，没有清洁工，也没有怀孕，不过，她的化学成绩得了“D”，她只想让大家正确看待这个糟糕的成绩。

在同一封信中，角度不同，100 美元的捐助可以看起来很多（让一个家庭一年饮食无虞），也可以看起来很少（一个月买摩卡、拿铁的钱）。募捐人会先提出一个高额的募捐选项，然后再提出一个明显低于那个金额的第二个募捐选项，也就是目标募捐额，这样人们会更容易接受这个目标募捐额。对第一个请求说“不”之后，会让捐款者觉得自己有义务对第二个请求说“是”，从而增加了第

① 罗伯特·西奥迪尼，《影响力》（波士顿：艾琳与培根出版公司，2001 年）。

二个请求的成功率。

孩子们很快就学会了这招，像“妈妈，我能和比利一起骑自行车去观看枪支展销会吗”这样的问题会立刻得到“不能”的回答，这让下一个问题“那我能叫比利过来玩吗”变得让人更容易接受。

第四部分 在故事之外学习讲故事

第十五章 学会倾听

无论你的故事是“生活就是一盒巧克力”还是“生活只不过是死前的一番波折”，你的世界观存在于这些故事和比喻中。如果你真的想讲述一个能赢得人心的故事，就要学会识别、倾听这些塑造了你现实的故事和比喻。

倾听然后审视那些深嵌在你的脑海和周围环境中的故事。你不能将希望、信任、正直附着在绝望、不堪重负、愤世嫉俗的故事表面。新贴上的故事很快就会剥离下来，就像搪瓷上的水彩一样难以附着。

绘制脑海中的图景

试着用故事描述你对未来的希望。我所说的**希望**，指的是你以怎样积极的心态，看待现实与未来想获得的愿景之间的鸿沟。无论你是要演讲说服大众，推销产品，还是希望大众募捐，都是这个隐含的关键核心在决定你的谈话。

停下脚步，问问自己：“我讲述的故事是充满希望的吗？”你的故事中是否认为希望是幼稚的？你有关希望的故事能否在早晨把你叫醒？在用演讲解说接下来的计划之前，我建议你先停下来，听一听自己的脑海中回响的故事，侧耳倾听听众脑海中回响着的故事。

这个过程可能会让人觉得尴尬。突然让同事“给我讲一个关于希望的故事”，这会有些奇怪。所以，最好先进行铺垫，为问题设定一个合理的依据，例如，这样问：“我想改变一下我们实施计划的方法，我需要你的帮助。不一定是和你的工作有关，但你觉得我们究竟有多大决心来追求卓越？”

他们肯定会露出奇怪的表情，这个时候你要保持沉默。不要和他们讨论是否存在这种问题。接着让对方给出具体的例子，让对方讲一个故事。如果有必要的话，还可以讲讲你最近的经历，或者是重要的经历，显示出希望或绝望的故事。不要按自己的喜好把握你们故事的走向——这会让你产生错误的理解。这个过程就像绘制脑海中图景的过程。你不能依着自己的喜好在地图上随意画出崇山峻岭的位置，真实的地图只会显示出山岭的实际位置。

聆听目前出现频率最高的故事，描绘脑海中的图景，这样能让你集中注意力，也能避免痴心于自己单方面渴望的结果。先别急着让听众相信你的故事，先听听他们深信不疑的故事也很有益处。

了解已有的故事并为之动容，能让你的故事获得更深的意义，或者改变目前的意义。不仅要聆听这些故事，还要从这些故事中汲取经验。这可能会打乱精心策划的方案，但是也会让你免于日后手忙脚乱。

倾听故事

大师级的艺术家会搜寻灵感，高级的厨师喜欢品尝其他优秀的厨师做的佳肴，作家会贪婪地读书。你爱什么，你就会拼命搜寻什么。对那些喜爱讲故事的人来说，倾听并不困难，擅长讲故事的人不会放过任何倾听故事的机会。

但如果你不喜欢讲故事，那该怎么办呢？也许比起听故事，你更喜欢读杂志，或是听音乐。并不是每个人都喜欢在讲故事和听故事中消遣时光。

与其说是倾听的多少重要，倒不如说是倾听的质量重要，但倾听的质量却很难有标准。尽管训练人们做积极的倾听者的课程可能会教你一些实用技巧，例如眼神交流，点头示意，上身前倾，将对方的话换句话说，发出肯定的声音等。但是你可能也注意到了，这些技巧只是在教会我们怎么假装倾听，而不会让我们成为一个好的倾听者。

有一次我这样打趣的时候，一个坐在后排的匈牙利女人举起了手，并用类似莎莎·嘉宝（Zsa Zsa Gabor）的口音说道："没错！倾听和性爱一样。"我紧接着问了一句："此话怎讲？"她回答说："欲望来了兹（之）后，技巧兹（自）然也会跟上。"她说得有道理。

大多数人不会倾听，是因为他们急着去做更想做的其他事情。有的人过于关注自身的需求，压抑着自己的焦虑，或者直接表示自己真的不想听。而有的人太喜欢讲话，以至于无法倾听。

我还记得一位医院的主任，他觉得自己的倾听方式绝对不可能有问题。他说："我一直邀请人们叙述事情的经过，而他们只是像块木头一样坐在那里沉默。"

他不耐烦的语调，还有他将员工比作——"一块木头"，揭示了他倾听质量不高的事实，尽管他认为自己是带着好意邀请员工谈话。

我逗他说，如果他当时和现在一样不停看表，带着焦急的表情，滔滔不绝，或者还有其他细节问题，那么这会让员工觉得，他只是想让人们随声附和而已。

为此，他恼火了好一阵，不过到了最后，他还是决定改变自己的倾听方式，以此做出了改观。

这些行为与倾听背道而驰

有人曾对我说："倾听就是我必须等待的时间，直到轮到我说话为止。"

如果你的内心不断发出干扰信号，比如"又开始胡说八道""小心这个疯子""留心这个混蛋"，这就意味着你已经停止了倾听，转而开始割裂、切割、分类、批判对方的言辞、用意和含义。对于倾听过程中那些与自己价值观不合的内容，你会报以讽刺：逃避倾听的最佳方式就是嘲弄对方。许多人都曾这样做过。

当你的表情透露了内心的不满，或是一副面无表情的样子，那么再怎么装作认真倾听都于事无补了。打动他人需要倾听，即便对方讲述的故事与你的观点相悖，你还是要认真倾听。先把自己的故事放在一边，不带任何成见地、全身心地感知对方的观点，这才是真正倾听的关键。

世界变化得太快，我们被迫要以最快的速度理解接收到的数据。速度和注意力已经成为交流的要素。人们会拼命地提升速度，提高注意力，试图以此增进交流。

如果你只是为了传播信息，这种方式是不错的。然而，如果你的目的是影响他人，那么速度和注意力只会收窄你和对方沟通的带宽。狭窄的连接只会降低影响力。倾听是既缓慢又宽广的，就像清理污垢一样，比起用一条毛巾迅速地擦来擦去，用一堆毛巾缓慢地、大范围地擦洗能更快地清理干净。

不用心的快速讲述和错误关注点就是沟通不畅的主要原因之一。如果你快速略过矛盾所在，那么你也可能会错失改变人们看法的机会。

倾听不就是要关注吗？不是要集中精力于讲故事的人吗？嗯，是也不是。这取决于你集中注意力的原因和方式。如果你的注意范围较宽，并且能做到广泛接受信息——如果你不介意对方的言语对你的思维方式产生影响，那么是的，就是这种关注能够激发真实的感情，引出意味深长的故事。然而，如果你的注意力仅限于找到对方的弱点，或者伺机进行扭曲、利用或反驳，那么这种倾听就是有害无益的。

真正的倾听

有效倾听就是能领会人们的语言和意义，尤其是在他们的语言和意义有可能有悖于你的观点，或有可能动摇你的世界观时。倾听和你志同道合的人说话很容易，你在影响他们的时候也并不需要做出太多努力。同时，你也需要倾听那些抱有不同想法的人，这样你才能聆听和复述精彩故事，增进沟通。当你完全理解了别人的故事，并且能在复述时完整保留故事的意义，那么你的复述就证明了你对其观点的重视。

无论对方和你的观点多么不可调和，也要深入理解对方的观点，暂时放下自己的观点，这样的倾听才能让你赢得讲述自己故事的机会。当然，这种倾听可能会有种屈从的味道，但别忘了你的目的所在。

有害的倾听

倾听也可能有害。我在某本资料里读过这样的话，如果一个人能够听完一个女人的所有经历，那么整个世界会劈成两半。就我的理解来说，这个比喻的意思是，真正理解女性的喜悦、爱、磨难后，就能够颠覆你的以往认知。

倾听故事也意味着领会对人类善行和暴行的感受。我有一些朋友从事艾滋病的研究，他们在社会服务和其他类型的社区服务中学到了一点，那就是好的倾听也是要有度的。如果你只倾听悲伤的故事，就可能自己陷入悲伤和绝望而不可自拔。将坏事滔滔不绝倾诉出来的人，总是多过那些分享好事的人。

有些人比较看重自己的行为，认为全神贯注地倾听不利于自己的进步。确实，真诚的倾听有时意味着放弃控制权，有碍对事物的操纵和利用。但实际上并不需要一直倾听，或者无休止地倾听。这个过程是一种选择，全依仗着你的理解范围和实际沟通对你的重要性而定。这并不等同于将思想的钥匙交于陌路人，你仍旧有着控制权。

确实，真诚的倾听有着风险，但是，停下来思考他人的经历并不意味着会让你丧失决策权。倾听可能会将你带往不愿前往的地方，也许会揭露一些你未曾意识到的问题，但是能够打破无知是福的幻觉。倾听一定能让你的头脑变得敏捷，让你和他人的沟通更深入，从而增进合作，共克困难。

确定好界限，深入了解自我和到此的意图，才能有毅力、有耐力地寻找故事，向人们讲述你的核心价值和信仰。

当你觉得“我没什么故事可讲”时

如果你觉得“我没有什么故事可讲”，那么你就否定了自己，也否定了你周围的人。放开你的听力，倾听故事，它们就在你身边。像玩寻宝游戏一样找寻故事，你就会发现故事无所不在。

在面对面的亲自交谈中，最易找到故事。表格和问卷没有人情味，也受限于早已设定好的问题。走入真实的社会，亲力亲为地调查。不要让别人替你找寻故事，获得的故事本身会是一种回报。

人们的生活经历都可以成为极其有说服力的故事。如果你觉得自己的故事有意义，那么别人也往往会这样认为——你只需要按照真实脉络讲述即可。有时候，在亲密的交流中，与编辑得整整齐齐的故事相比，有些杂乱但充满人情味的故事更有趣。如果你表现得追求完美的话，人们就会遮遮掩掩，不会告诉你“完整的故事”。并且，通常来说，人们遮掩起来的部分往往是最有趣的部分。

有一次，我听到某人说自己的故事很无聊，于是我认真地说：“那你就照实说就好。”她这样回答道：“你是说，我的风流艳事？”如果你深入挖掘一下，通常都能找到一个感兴趣的故事。如果一个人想变得风趣起来，就要先对其他人感兴趣。

道格·李普曼（Doug Lipman）既是我的朋友，也是我的故事教练，他教会了我“津津有味地倾听”这句话。我也将这句话推荐给你：津津有味地倾听，抱着可能会学到重要知识的期待而倾听。如果你做到了，那么无论是在讲故事还是在听故事，你都将受益匪浅。

第十六章　灵感的借鉴

某些领域的一些大家们积极地使用讲故事的原则、应用方法、实践，达到了自己的目的。他们提供的实用看法、创意应用方法、实验比许多所谓的故事专家还要多。

这一章囊括了一些他们提出的最富有创意的应用方式，还讲述了如何将这些创意应用到自己讲故事的实践中去。

◤ 设计思维的诀窍：用户故事

我过去十分喜欢为科学家和工程师讲授讲故事的技巧，因为实在太易见成效了。然而从几年前开始，为设计师们讲授故事技巧就没有这么容易教了。他们一旦看到讲故事技巧，就会迫不及待地应用到实际工作和生活中。

10 年之前，当时我和一些十分有才华的设计师们共事，其中包括微软 Xbox 游戏机的设计师。我在阐释客观思维和主观思维的区别时，他们只是点了点头。我称之为故事思维，而他们已经将其命名为：设计思维。

今天，设计师、信息架构师、软件开发者们通过收集用户体验信息来开发项目，这些用户体验信息能跟踪人们潜意识的偏好，显示情感推理过程，识别出更为有效的解决方案，并且可以跟踪用户的时空体验。安德鲁·辛顿（andrewhinton.com）是一个信息架构师，他将自己的个人经历从数据转换为了故事。

> 这份工作与我之前做的工作相比，教会了我故事不仅仅是加之于二元逻辑和原始数据之上的多余层次。事实上，正相反——故事是我们生活的基础，而数据和信息才是人工提炼的结果。数据是我们用来反观自我的、布满灰尘的镜子，是反映自我意识的工具。

黛博拉·J. 梅休（Deborah J. Mayhew）是用户界面设计的开拓者，他描述了 20 世纪 80 年代的情况："接受过正式逻辑培训的工程师们对逻辑有着浓厚的兴趣，而他们负责为那些没有使用经验和兴趣的用户设计界面。"而今天，设计师们已经能够通过收集用户体验故事，建立起一个更现实的、更符合用户非正式逻辑的模型。

为什么不借鉴用户体验的思维来设计你的下一次演讲呢？

第一步就是收集用户故事。这和分析受众并不完全相同。调查统计、标记、总结出的目标既不能捕捉复杂的感情和现实情况，也不能让你找到第一手的真实故事。例如，一个团队决心降低儿童肥胖率，他们花时间和孩子们在一起，孩子给他们讲述有趣的锻炼经历，于是他们放弃了最初的计划。之前他们曾想设计一个由声音触发的跟踪装置，取而代之的是，他们设计了一款更友好的游戏装置，其利用活动增加人际交往。

设计师们也会利用故事模板来描述用户的要求："作为（一类用户），我想要（目标），所以应该（原因）。"

尽管这些用户故事现在看来有些工于技巧，但要注意到，这些模板实际上道出了本书所描述的六类故事中的三类，即"你是谁""你为何在此""你的愿景是什么"。

这要求我们暂时放下自己的目标，以此真正探寻到这类我是谁、我为何在此、我的期望的个人故事。如果我们只是寻找证明自我观点的故事，这会减少我们的机遇，造成盲点，压抑创造性思维。

在和一个团队合作之前，我经常会询问他们，可不可以访问不同部门的员工，包括在现场工作的员工。现场工作的员工能讲出非常不错的"我是谁"和"我为何在此"的故事。比较幸运的话，我还能找到一个故事，阐释领导尚未发现的观点。

电话访问的一开始，我会问一些探寻性的问题，例如"我想更好地了解你所扮演的角色。你能描述一下自己平常的一天是怎样的吗"。这类问题能让谈话充满真实经历，而不是充满类似"我整天都很忙"这样的总结性观点。

更多类似的问题，例如"你最近有没有因为自己的工作而感到骄傲的时候？"，或者是"你能谈谈你最美好的一天，或最糟糕的一天吗"。这样能让谈话继续下去，让我收集更多的细节，以便之后分享这些故事："当时有谁在场？这是哪一年的事情？""这个会议的具体举办地点在何处？会议室是怎样的？"

让一个人从感官细节层面听取故事，能让他们讲述更真实、更有内容的亲身经历，而不是仅仅讲述概括和总结性的话语。这些故事帮助我设计更加“利于用户体验”的产品。当我讲述的真实故事反映了和听众类似的经历，让他们产生共鸣时，培训就变得更加有趣，更加难忘，通常也更加有价值。这种设计准则，也就是从满足用户、学生、老板、同龄人的角度来选择交流方式，能够改善各种类型的交流。

一些设计师为了收集故事，不仅仅依靠采访这么简单。艾迪欧设计公司就提供了一个以人为本的免费方法列表（www.ideo.com/images/uploads/hcd toolkit/IDEO HCD ToolKit.pdf），列出了在采访中收集个人和团体故事的建议。但列表也提醒人们要融入用户所处的环境中，这样就能形成自己的故事，并加以分享。

你可以邀请用户自行记录照片、图像、文字，甚至还能组织整个社区加入探索活动中。当代价较高时，要想收集故事，最好的办法就是站在对方的角度考虑问题，或是邀请用户一起参与某种探索活动。

在前文中，我讲述了一个在休斯敦郊区进行“照片故事”计划的故事。我们分发出去一次性相机，让人们拍下照片，记录自己社区的故事。这种自我记录的行为激励了整个社区进行探索，这也让我们收获了真实的故事和令人惊叹的图片，比我讲述的任何故事都有震慑力。我也从此了解了更多关于弱势群体的信息，这是从其他渠道都不可能了解到的。

诚然，这不仅仅是分发相机那么简单，但如果你想要收集故事，就要沉浸在听众的现实环境中，和听众一起寻找有感情价值的故事，让故事去传递信息，去增进交流。

◤ 解决方案和检验故事

在团队中，若是一味盯着问题，尤其是盯着士气低沉这类成员感知问题，不仅不会找到解决方案，反而会让情况变得雪上加霜。用户体验设计师们证实了这一点，并且进行了更深研究。寻找最佳的解决方案不仅意味着要寻找能解决问题的故事，还要寻找关于问题的故事。

无论我们的想法在自己看来多么优秀，用户提出的解决方案很有可能可以更好地解决问题。想要一探究竟也很容易。让真实的用户帮忙提供产品故事，检验问题和解决方案，这样能节省下来利用中介反馈的时间，例如利用团队讨论或预测支持率的调查就十分浪费时间。有个著名的例子，史蒂夫·乔布斯不信任团队讨论，他更支持直接观察和实验。苹果手机创意性地将索引浏览作为指针，他们越过分析的步骤，跟随直接观察和实验的故事，这就是个很好的例子。

在一次设计市场营销时，可乐公司就一改过去常用的对广告创想进行预先定性调查的方法，将这部分资金和时间注入“灵感空间”，寻找和检验适合“在所有交流中”讲述的故事，让故事“感染力强到不可控制”。

可乐公司没有对可能成功的故事创想进行测试，他们将这笔预算用到了真正的测试中，让实际用户讲故事或听故事。可乐公司设计了一个长期的社区探索活动，创造和收集顾客的故事，这样他们就能在最佳故事上注入更多精力，让“可乐就是快乐”的故事变得更深入人心。如果故事奏效，那么就把其作为宣传实际应用，如果无效，那就再继续寻找。类似“重复性测试”和“加快失败速度，增加失败频率”的术语就是这类设计思维的核心原则。

根源分析法的问题在于，暴露出来的根源问题往往超出了我们的解决能力，这种方法不利于找寻解决方案。例如，导致儿童营养不良的根本原因包括贫穷、饥荒、腐败，但是这些问题不会在一朝一夕间消失。

来自救助儿童会组织的杰瑞·史坦宁（在奇普·希思和丹·希思所著的《瞬变》一书[①]中进行描述）并没有追寻根本原因，而是在越南一个营养不良情况较普遍的地区，找到这一地区少数因为不明因素而营养状况良好的孩子，收集他们的经历细节，以此来找寻解决办法。这些营养良好的孩子的母亲讲述了这样的故事，她们用蛋白质丰富的小虾做成米饼，加上其他母亲觉得不值一提的甘薯，这样给孩子吃“成人食物”。

史坦宁在合适的时间和地点，让母亲们分享自己的第一手信息。他并不需要为她们重新整合和编辑故事。他知道，富有感情和背景信息的故事会在整合中丢失掉一些原味。以解决方案为中心的故事不仅是有感情价值的故事，也是创造和延伸解决方案的教导类故事。这些母亲的故事大幅改善了这一地区的人口营养状况。

---

① 奇普·希思和丹·希思，《瞬变：如何让你的世界变好一些》（纽约：兰登书屋，2010年）

与之相仿，10 年前，多芬品牌旗下聪明的员工开始更多关注用户和顾客的观点，他们收集了 10 个国家的用户和顾客观点，发现仅有 2% 的女性觉得自己是美丽的。多芬并没有寻找女性觉得自己不够漂亮的根源，而是通过“竞选真正的美”传播自己的品牌理念。多芬树立起美丽的、“正常体型的”女性广告牌，邀请女性讲述故事，阐释什么才是真正的美。结果，多芬的市场份额迅猛增加。

用身材平平的女性的魅力照片讲述故事，就能让女性觉得自己更美丽，并且开始分享自己的故事，多芬是怎么获得这些启发的？母亲会为孩子准备小虾和绿色蔬菜，救助儿童会是怎么知道的？他们只是讲述故事，然后等待听众的回应（也许不会回应）。

多芬在广告牌上展示的美丽女性形象并不符合英美国家的“理想女性身材”，他们建立了一个及时反馈系统，让人们通过短信发送答案。在图片旁边有两个“小方框”选项，让女性通过短信进行投票：苗条还是肥胖？垂垂老矣还是容光焕发？满头银发还是光彩照人？ 150 万人参与投票，这证明了顾客的参与度[①]，多芬从此开始帮助女性讲述自己真正的美。

在纷繁复杂的现实世界中，很难保证有足够的信息和明确的含义可以证明一个故事有强大的影响力，所以我们还不如把故事扔出去，让听众来选择。在产品设计、内容营销、讲故事中，如果你或你的团队不敢猜测或实地测试，那么你就不能成功地用设计满足人

① 妮娜·巴哈杜尔，“多芬‘真正之美’活动十周年：品牌如何改变人们对女性之美的看法”，《赫芬顿邮报》，2014 年 3 月 14 日。检索 http://www.huffingtonpost.com/2014/01/21/dove-real-beauty-campaign-turns-10_n_4575940.html。

们的需求，也就不能写出好的内容或成为讲故事好手。

体验设计手册充满了类似的练习，用以加强故事思维，关注用户体验。以下是我加以改编的练习，可以为你下一次演讲注入一些创意。

> 偶遇：想象自己偶然遇到自己的朋友或家人，他们爱着你也相信你。假装他们是听众的一员，会在你讲话时加以评论或问问题。在脑海中过一遍自己的想法，或者模拟一下自己与他们对话，同时也要注意你想象的话语所引起的家人或朋友的反应或疑问。你学到了什么？
>
> 比喻之旅：选择一个比喻，推想你所期待的听众反应。你想让听众觉得刚刚从凉爽的草地上醒来吗？想让听众觉得灵光乍现？想让听众有种宗教经验？利用接下来的可感知的元素将比喻延展开来。例如，在凉爽的草地上醒来的清晨可能会衍生出躺在毯子上观察暖阳下的蟋蟀。
>
> 接下来，用你的想象力在后来的交流中解释这些元素。例如，你可以利用自然的比喻来解释自己的主旨，给人以在凉爽的草地之上的感觉，从而加深听众现有的看法。或者你可以在演讲结束时加入“圣坛呼召[①]”，让人们站起来分享一个故事，讲述亲身经历的给予他们信仰的事情，从而模拟出一种宗教体验。

① 福音传教士在布道结束时请礼拜者到台前来表示对基督的信仰。

用户经验（UX）设计思维能教会我们如何借助“感同身受的实地体验”来从用户（听众）的角度看问题。我们要重新学习如何走出自己的家门，如何脱离自我的假设和目的，以此发现我们知识的盲点。讲故事就这样成了批判性思维技巧。

新加坡的诀窍

新加坡的建国者们十分珍惜自己来之不易的繁荣和种族和睦、宗教和谐的局面。这个社会从冲突中诞生。国家领导人投资，让人们宣传在学校和社区经过验证的故事，为建设新加坡正直、创新、社会团结等国家价值观而构思故事。

所有公民都能在新加坡的演讲角讲话，除了有关种族和宗教的话题需要提前获得批准外，其他的言论都无须经过审核。在有些地方，政府委托人们讲故事，或人们要取得表演许可或所讲故事情节经过审核才可以公开宣讲。当然，其他的表演形式的脚本需要经过审核，讲故事的人只需要接受情节批准，这样他们就可以保留故事的随机性，保证和听众可以共同参与故事内容。

1965 年，新加坡国家正式独立，在这之前不久，范克里夫水族馆的馆长埃里克·费雷泽－布伦纳（Alec Fraser–Brunner）为新加坡旅游促进局设计了半鱼半狮的标志，之后将其命名为鱼尾狮，现在已经成了标志。政府积极推广着鱼尾狮“神话”，也就是艺术家们创造出的故事。

罗斯玛丽·索美亚（Rosemarie Somaiah）是一个在学校工作的

讲故事方面的专业人士，她告诉我，有时她会在故事中引用鱼尾狮，鱼尾狮在她的故事中总是善良而勇敢的形象，会出面挽救危局，或者引导故事里的人物走上正确的方向。很显然，并不只是千年传承下来的神话才有感染力，一个讲故事好手能够在需要时创造出新的神话。

非营利组织的诀窍

从经济层面来讲，慈善捐赠是一种受感情推理驱使的非理智行为。每年，充满同情、愧疚、爱、恨感情的故事敦促人们将上千亿美元捐献给了政治团体和慈善非营利组织[①]。人们之所以会捐款，有时候是因为在非营利组织所讲的故事中，人们将自己看作是英雄、救难者等形象。

好的故事能够触及人性中深层的主要矛盾。水即生命网站（Waterislife.com）利用一系列热门视频讲述了故事，引发了富有争议的话题。在每个场景中，来自第三世界中处于弱势地位的人重复着那些“第一世界烦恼”话题调查的摘录，一个家徒四壁的孩子说：“我的电话充电线不够长，够不到我的床，我十分讨厌这个。”另一个站在破败的楼房前的孩子说：“我给佣人写支票的时候，总是想不起她姓什么，真烦人。”

你可以创造出一个故事，通过自己的演讲将孤立和归属感、纯真和剥削、诚实和欺骗这类矛盾的话题放在一起。

---

① 国家慈善信托，“慈善捐赠统计数据”2015年1月16日。检索 http://www.nptrust.org/philanthropic-resources/charitable-giving-statistics.

如果你失败了，会损失什么？当我为营养师们讲授如何讲故事时，就是讲述关于生与死、欣喜与不安的故事，故事线索总是围绕疏离感和归属感，安全和恐惧。最近在一所军校中，我听到最多的故事则是围绕行动和理解间的矛盾展开的。找到主要矛盾就能讲出强有力的故事，即便故事的形式有所改变，也能保持前后一致性。

法律界的诀窍

律师告诉我，他们在法学院的时候就放弃了讲故事，尽管有些律师认为“谁讲的故事精彩，谁就能赢得官司”。所以，很多律师都是在毕业后才重新学习该如何讲故事。专门针对律师如何讲故事的书籍、讲习班、博客提出了不少有趣的见解。

一个辩护律师讲的故事能让法官和陪审团看出，律师为人如何，在此的目的如何：从停车场礼节（可能陪审团成员也想停在那里），到语调、表情、着装和即席评论。真实性最重要，所以真正聪明的律师都会分享故事，要么提前用强有力的方式解决自己的一个弱点，要么先发制人地解释最坏情况，将之导向更好的解释。

讲述视觉故事是律师们惯用的手段。苹果公司控诉三星公司在未经许可的情况下使用苹果公司的设计，三星和苹果公司利用并排放置的图像所讲述的视觉故事是审判中的关键。一组并排放置的图片给人以强烈的视觉冲击，两张图片基本相同。然而，在上诉过程中，三星公司证明，苹果公司的律师未经允许，盗用了一幅版权属于三星公司的图片，并且更糟糕的是，他们还改变了三星手机的标志，为图像做了裁边处理。这个例子就证明了，小小的细节也能带来巨大的影响。

律师们常用比喻来引导人们的理解。法律太过复杂，如果没有“母公司”或“毒树之果理论[①]”这样的比喻，很难把握清楚法律的含义。我这样说可能有些片面，但是美国南部的律师似乎十分喜欢利用比喻来操控人们的观点，并且还带有喜剧色彩：“阿拉巴马地区在医疗责任方面的法律就是一只骡子——是律师、立法者、游说者的私生子，毫无家族荣誉感，也没有繁荣下去的希望[②]。”

在更正式的应用中，凯瑟琳·科勒尔特–佩奇（Cathren Koehlert–Page）教授[③]在2013年的《内布拉斯加州法律评论》中写了一篇文章，名为《灰姑娘的水晶鞋：怎样用一枚戒指统领法庭》。她演示了如何将比喻融入故事中，从而制造出一个象征意义。

在一个例子中，她讲了在审讯谋杀多人的约翰·韦恩·盖西（John Wayne Gacy）时，一个作为证据的活板门成了一种恶行的象征。嫌疑人盖西在刚刚挖好的通道里安装了一个活板门，他将被害

① 所谓“毒树之果”，是美国刑事诉讼中对某种证据所做的一个形象化的概括，意指“根据以刑讯逼供等非法手段所获得的犯罪嫌疑人、刑事被告人的口供，并获得的第二手证据（派生性证据）”。以非法手段所获得的口供是毒树，而以此所获得的第二手证据是毒树之果。检索 http://www.bing.com/knows/search?q=%E6%AF%92%E6%A0%91%E4%B9%8B%E6%9E%9C&mkt=zh-cn 。

② 迈克尔·R. 史密斯，说说海耶斯对幸运（无日期，亚拉巴马州，1997年）；《美世法律评论》2007年58卷3节，见迈克尔·R. 史密斯“法律论证写作中的比喻”，检索 http://ssrn.com/abstract=1105901。

③ 凯瑟琳·科勒尔特–佩奇，“灰姑娘的水晶鞋：怎样用一只戒指统领法庭”，《内布拉斯加法律评论》，91册，2013年。检索 http://digitalcommons.unl.edu/nlr/vol91/iss3/3.

者的尸体全部丢弃在这里。这个实实在在的活板门不仅证明了嫌疑人盖西的谋杀行为是有预谋的，他为此花费了很多时间和精力，也让人们想起每个被害者生前的最后时刻，盖西打开这道活板门，将邪恶放入世间的那个时刻。

如果你讲述现代人失去面对面交流机会的故事，总是将手机挡在脸前，那么结果会如何呢？你的听众听完你的故事后，或许会把低头看手机走路的姿态作为一种意象来看，所以下次他们再盯着手机时，可能会想起这个故事，产生面对面交流的欲望。

J. J. 艾布拉姆斯（J. J. Abrams）在2007年的一场TED演讲（技术、娱乐、设计）上，拿着一个儿时从魔术道具店买的“神秘之盒”，将神秘的力量意象化。你所传递的信息可以用什么物体或图像作为意象呢？当你结合起重复的演说技巧和视觉刺激或其他感官刺激后，你就能创造出富有内涵的意象。

盖瑞·史宾塞（Gerry Spence）所经营的辩护律师学院曾因丝克伍事件而名声大噪（凯伦·丝克伍在美国原子能委员会前出面证实，科麦奇石油公司一个燃料制备场的化学元素钚含量超标，可能引起危险，事情过去六个月后，也就是在1974年，她便因一场疑点重重的车祸而死亡）。

律师学院应用了一种叫作“心理剧”的形式来培训律师，让他们学会如何讲故事，以及利用主观思维。律师们要将故事重现，指导整个表演，或在其中扮演角色，以此重演关键事件。他们可以扮演自己，也可以选择其他角色。

培训首先让每个律师讲出自己的个人故事，然后让同事扮演不同的角色。每个律师都有机会听到自己所讲故事的不同版本，那些扮演故事中人物的律师会从不同的角度说出自己的感受和观点。

不要让**心理剧**这个字眼打消了你的兴趣。可能这听起来和心理治疗太过相似，不过这在搜寻故事和发展故事方面是个很有价值的方法。我也见过专业的讲故事人杰伊·奥卡拉汉（Jay O'Callahan）利用类似的流程来丰富自己的故事。

有一次，我们都参加了一个故事讲习班，杰伊让我们几个人站起来，扮演他的故事《倾倒太阳》中的角色，这是一个关于炼钢工人的故事。他能够从中获益，因为我们站在了自己所选角色的立场之上，这样让他更清楚地看到了想象中的场景，也提升了他的讲述效果。我们也从中获益，因为我们可以站在角色的角度看情节，深刻了解角色的优点、勇气和正直的品性。

邀请几个好友演出你曾讲过的故事中的一幕，帮助你重新看待这个情节，让大家帮你寻找你可能从自己的角度漏掉的细节。如果进行得很顺利，你可以让故事在角色扮演的情景下继续下去，让听众饰演你故事中的人物。你从故事角色的替身那里听到的故事可能会揭露一些细节，而这些细节就决定着听众反应到底是同情还是冷漠。

在网上输入关键词“心理剧”进行查询，搜索相关课程和更多内容。你可以将其称为在“现实中的再现”，所以人们才不会想歪。

叙事医学的诀窍

医生必须了解患者的故事才能做出诊断。然而，电子病历这种技术转变让数据点代替了患者的故事。与此同时，医生问诊的平均时间也在不断缩短。因此，有些医学院开始提供问诊技巧的相关训练，让医生们能够从患者的故事中找到隐含的线索和情感内容。

当我们和人们面对面地交谈，我们也可以利用医生问诊患者时使用的技巧。不要打断患者的大量陈述。寻找可以表现情绪的语言或非语言类的线索，留心这些情绪，用理解的话语认可这些情绪，然后再收集情绪背后的故事。有时，你需要让对方宣泄出情绪，才能听到真实的故事。不要因为有着自己先入为主的判断就提出问题，而打断患者讲述故事的过程。

精神病医生和心理治疗师一直都在使用“叙事疗法”，让患者在讲述自己的疾病、症状、解决方法时，加深自我意识，转换视角，寻找解决方案。心理医生和患者一同合作，从这些叙述中寻找含义，并检验可能存在的其他含义。加以改善的新故事让患者拥有更健康的行为，和更加可持续的思维模式。医学和哲学双博士丽塔·卡蓉（Rita Charon）在哥伦比亚大学医学中心设立了叙事医学这个项目，以此证明和促进故事和叙述对医学的价值。卡蓉和她的同事建议，医生应该养成写日记的习惯。

10 多年前，我在广播上听到了一名年轻医生的日记摘录：“虽然我对她的病已经无计可施了，但我还是留在了她的房间里。我觉得任何人都不应该孤独死去。”

你养成记日记的习惯后，你就能反思一天中究竟有哪些重要的事情值得记录。对这名女医生来说，她的关键时刻成了广播上一段令人难忘的故事。如果你不进行记录的话，你会忘记细节，也不会想到将一个事件变为一个有感染力的故事。

在正式的医疗咨询之外，患者和护工也会利用社交媒体分享自己的故事，合众人之力进行诊断，研究疗法和疾病或寻求感情上的支持，并且提供数据以支持研究工作。

一位母亲在 Facebook 上发布了一张自己患病的孩子的照片，旁边还用一个简短的故事说明医生不能确定孩子的病因，这让一位网友从这位母亲的经历中看到了自己孩子的症状，建议这位母亲带孩子去检测是否患有一种罕见且致命的疾病。检测结果呈阳性，这个 Facebook 上的评论可能救了这个孩子一命。

Facebook 的设计初衷并不是为了提高医疗卫生水平，但 Facebook 和其他社交媒体平台都提供了许多寻找、讲述、分享、创造故事的机会。

互联网时代故事和内容推广的诀窍

有些大企业现在也开始利用故事来进行研究、设计软件、开发营销或沟通策略。思爱普公司雇用了一位“首席故事官”，微软有一个故事高级总监。专为讲故事开设的代理机构和博客数量也在飙升。优秀的在线课程和讲习班提供沉浸式训练，利用视频、音频、图片、剪辑软件，支持你继续讲下去。

好的一面是，你的潜意识会被迫接受一切，你可能会惊讶于最后的结果竟然如此令人满意。对我来说，数字化的讲故事流程包含各种利用电子设备讲故事的方法。问题在于，学习新的软件和追捧最新潮的技术要消耗大量时间，也可能会将你吸入沮丧的黑洞，因为这种形式让你无法集中注意力，无法用最原始的讲故事方法继续发展故事，就是：面对面地讲故事。

对个人来讲，创造一个能够在多媒体上展示的故事可以带来巨大转变，这和学习绘画能改变你的视角一样。这种经历能让你找到自己的声音，讲出一个从未讲过的故事，迫使你重新思考是否该进行改变了。并不是所有的多媒体化故事都能给他人带来转变，但是，创造多媒体化故事的过程本身就是一种回报了。

你可以在开场时花费两分钟展开一个视觉盛宴的多媒体故事，尽可能多的添加特效、视图切换、声效和图片，以此让你亲身体验整个流程。对我来说，那就像是捏着鼻子跳进深深的泳池一样。学习高新技术让我的创意暴增，我对故事和讲故事流程的观察也更深入了。

多媒体故事中心（CDS）的乔·兰伯特（Joe Lambert）20 多年来一直讲授如何讲述数字化的故事。多媒体故事中心开设的讲习班课时从三天到五天不等，他们在不借助任何脚本、情节串联图板或技术层面考虑的前提下，给参与者们足够的机会来口述自己的故事，他们则会通过内心感受和大家的反应来找出故事的精华。

个人反省、集体反思与掌握科技同等重要，这对设计一个成功的多媒体化故事都是不可或缺的。想要了解更多细节，可以在故事中心网站（storycenter.org）下载多媒体故事中心的《数字化故事指导书》。

同样，如果团体中的成员还未找到自己的声音，或者在我们是谁、我们为何存在的问题上没有达成一致意见，并且要区分捏造的故事和亲身经历过的故事，创造一个多媒体故事固然也会让人产生转变，但却不一定是在朝着正确的方向进行转变。

要先鼓励团队进行对话，创造或证实一个合适的我们是谁和我们为何在此的故事，然后再利用数字媒体辅助，否则你只会白白浪费时间。假如首席执行官、首席财务官、产品经理和销售经理的内心有着不同版本的企业故事，那么在数字手段、策略、格调上的选择之争会掩盖核心问题，破坏最终结果。

多媒体故事加入了多层音效、图像、剪辑，经常能让人在短时间内取得巨大进步。然而，它与传统故事的流程基本是相同的：找到你的故事，决定讲述方式，多次进行检验，基于反馈了解有效成分，再加以改善。

如果故事本身足够精彩，利用多媒体化故事的额外手段能将故事变得更生动，并且能弥补口述故事无法触及的部分，然而，一个糟糕的故事，无论加入多少花里胡哨的修饰物，总是不能变得精彩。

最后值得考虑的一点是，许多利用多媒体讲故事的人声称，多媒体故事能让你利用“非传统的”形式，比其他媒体都更能增加互动。我认为这种观点忽视了一个事实，那就是互动式的讲故事方式本质就是故事最传统的方式。

多媒体化的故事能跨越时间限制，将即时互动变为非即时的互动，但互动一直是口述故事的基本。传统讲故事者称之为听众参与，他们会邀请听众增加音效、歌曲，让听众决定故事的走向，让听众扮演故事中的人物，甚至邀请观众在故事提供的背景下玩一个游戏。当你意识到自己能让这些传统技能焕发新生机的时候，你就能发现无穷无尽的创意。

播客的故事诀窍

关于故事叙述类的播客的关键，就是收听这些播客能在潜移默化中提高你的讲故事技巧。因为当你收听时，故事会在你的脑海中重整再编，大脑正在学习在脑海中制造画面和感觉的最佳技巧。

《连载》这个播客在 2014 年的收听率升到了第一位，它用 12 周的时间分集讲述了一个真实的故事，彻底证明了如果故事的讲述方式足够吸引人，人们会花时间听长篇故事。

非营利组织网站“飞蛾”、TED 演讲和其他来源也有很多讲述故事的精彩视频。反复观看或收听你最喜欢的故事，然后列出你想尝试的具体技巧或想法。要相信自己的直觉，搜寻最适合你讲故事风格的故事创想。留心那些适合所有人应用的建议。

许多成功的故事播客网站也会提供相关故事技巧和建议，这些建议展示了他们在特定媒体上成功的经验。但这并不意味着这些建议有用或无用，这只能说明，不同的方法适合不同媒体上的不同的人，以及有些天才故事家们实际也并不完全了解自己的天才之处。

对一个能加以表演的故事或电影来说，这些专家建议我们发现关键之处，然后将吸引力加大。一个弱者的故事很少会引人关注，除非这个弱者最终突破了一些障碍，成为英雄。当然，如果你想让听众的大脑边缘系统陷入恐慌状态，让事情的发展急转直下，或者让极其重要的东西处在危机边缘，那么这类情节总是在故事中占有一席之地的。

太多的商务故事都太平铺直叙了。传统的个案研究有着一猜就透的完满结尾，这是枯燥无味的。只有加入了个性和挫折，才能让故事出乎听众和读者意料之外。当主角穷途末路之时，你才能创造出足够的悬念，让听众仔细思考关键的细节，并且进行“我该怎么做”的推测。

故事的关键点有可能是一段感情、正直的人品、父爱、自尊、正义、信仰或希望。如果你注意分析的话，一个简单的逸闻趣事也包含着价值观的冲突。《南方公园》的制作人特雷·帕克（Trey Parker）和马特·斯通（Matt Stone）告诉人们，任何情景转换都要包含“因此”或“但是”的元素，以此才能保证每个场景都能顺利过渡情节，在细节和事件构建方面，要么有支持关键事物（因此），要么有威胁关键事物（但是）。改善故事，让故事在得到和丧失之间来回游走，这样雕琢出的故事往往能煽动听众的感情。

故事播客能带来绝佳的故事，但要记住，这些播客筛选掉的故事比讲述的故事多得多。《这就是美国生活》的播客伊拉·格拉斯

（Ira Glass）说，整个团队有一半的时间都在丢弃故事创想。

《飞蛾》的讲故事者们是从数百位富有故事构想的人中亲手挑选出来的，并且这些人通常要经过一年多的训练才能上台演讲。所以不要对自己太苛刻。欣赏并吸收所有"新鲜的"讲故事经验、故事和建议，不过一定要相信自己讲故事和听故事的个人经历，以此靠近你自己、你的同辈、你的目标听众所注重的内涵。毕竟，能将你的亲身经历讲得最好的人，非你莫属。

练习：留心他人的想法

注意潜在的反对意见其背后也会有好意。尤其在面对一个有强烈反对意见的听众时，挖出其反对意见背后的积极意图，然后用故事强调他们现有的理解，表示对他们意图的认可。千万要留心，不要低估任何人的警告；先要对其表示认可，然后再继续。

你的光辉时刻

作为一个协调者，我经常能听到人们和"协管"或"协调人"这类人不愉快的经历。我们都有过不愉快的经历。即便是一些头脑精明的、态度乐观的团体也对陌生人抱有警惕之心，毕竟这个陌生人要在接下来的两天引导（控制）他们的流程和日程安排。我有时会以这个故事开场。

有名客户在阿斯彭给了我最满意的一次入场介绍。那是一群很聪明、很成功的高管，他们周末聚在一起谈谈工作，放松娱乐。介绍我的女士这样说："这位是安妮特，我向你们保证，她不会使用摇铃的。"

他们鼓起掌来。我知道她的话语背后一定有个精彩的故事，他们跟我讲了他们最近的一次休整经历。

他们遇到了一个穿着长长的、飘逸的衣服的协调人，常常发出"哦哦"的惊叹声，她用摇铃来提示人们休息结束。大家在休息时间后慢吞吞地回到原位，我猜想，那个"摇铃女士"肯定用摇铃发泄了自己的消极抵抗的情绪。

在下一次休息时间，人们"绑架"了她的摇铃，并留下了一张"勒索信"。他们觉得那次经历最有意思之处就在于那一封"勒索信"，还有"摇铃女士"的"哦哦"声也越来越少。

所以，我向他们保证，我不会用摇铃，不会搞"哦哦"的声音，不会让人们手拉手，也不会唱《空巴亚》[1]。我向他们保证，任何对感情的讨论都会有着商业用途。

你失意的时刻

教导人们获取领导力，这是应用我理解你的故事的最佳时机。我最近一次的经历和一群欧洲女士有关，她们可能觉得我美国式的习惯有些唐突无礼。我给她们讲了个故事。

---

① 美国著名民谣，儿童夏令营必唱曲目。

> 当我在小学时，我喜欢当指挥者，因为那让我觉得自己很特别。我天生就很专横。
>
> 六年级时，我获得了小小警长徽章，人们让我在雨天的休息时间看管一年级新生，这样一年级的老师可以稍稍休息一下。为了让他们（或我）不那么无聊，我教他们伴着军乐列队行进。
>
> 这可都是真的。我给那些参加者发了奖励，就是薄荷糖。我当时就是个小恶魔。善良的小孩把糖分给了那些没有参加的小孩，我的奖励系统也由于缺乏人们的服从而土崩瓦解了。
>
> 我学到了，合作是强制不来的。

多年之后，作为一个成年人，我能讲出这个故事，并且承认了她们对我这种唐突行为的担心，与此同时，我也让她们放心，我不支持命令加控制的领导力。我对她们说，如果我进行得太快或者妄下错误的论断，她们可以大声指出来。

良师益友

在美国国际开发署（USAID）教授员工讲故事的经历是我最满意的工作经历。如果他们的故事能传播出去的话，这个组织的员工能轻易赢回人们之前对美国的那种爱和欣赏。

我十分有幸能认识这些最聪明、最热忱的人们。大部分员工都会多国语言，在多种文化中生活过，并且有着多种复杂学科的博士学位。然而，我接下来要讲的故事好坏参半，尤其适用于美国国际开发署的员工，因为他们对自己的要求总是很高。有时精明的成功人士要学会原谅自己犯下的过错，才能成为更好的领导者。

我在美国国际开发署见到了一位不可多得的好口才、好样貌的女士。她的举止简直就像一个非洲皇后。在底特律贫民区的成长经历并没有让她颓废。她获得了高学历，在驻外事务处工作，大部分时间，她都在非洲生活。

她上一次是在尼日利亚工作，故事就是这样来的。

> 我把八岁大的女儿送到了尼日利亚的一个公立学校上学。人们邀请我加入学校董事会时，我很高兴地接受了。然而，董事会希望我能够担任董事长一职，我拒绝时说，董事长应该让尼日利亚人担任，而非一个外籍人士。
>
> 我积极游说了一位尼日利亚女性担任董事长，她在教育方面有博士学位，在整个社区也很有名。当然，有些人警告我这个女人的性格有问题，但我觉得让尼日利亚公民当选更为重要。
>
> （然后她停顿了很长时间，说了一句话，预示了故事的走向：“当时她看起来真的很有资质。”）
>
> 等到我们举行会议的时候，我才看到了问题所在。这个女人十分傲慢、固执己见、无礼、有控制欲。她根本不知道怎么主持会议。

会议持续时间过长，即便会议结束后，每个董事都会在晚上给我打电话，希望我能做些什么。这影响了我的正常生活，于是我终于同意了。我跟他们说，只要他们为我帮腔，我会在下一次开会时跟她谈谈。

下一次开会时，这个女人又开始了自己那一套。她打断别人，按她的计划逐条行事。于是我询问她，我能否对流程提些建议。

她转向了我，然后直到今天我都不知道究竟发生了什么。我只记得我大发脾气，怒火像地狱之火一样浇向她，我骂遍了几乎所有能骂的词。我不知道自己发泄了多久，但当我的注意力重新恢复时，我突然发现身边的人都瞠目结舌地望着我。

我说："我觉得我该离开了。"然后我赶紧离开了那里。

回到家后，我坐了下来，然后想着："我究竟做了什么？"我感到十分惊恐。不到一小时的时间，我知道自己应该做什么了。我按顺序给每名董事打电话道了歉。第二天，我亲自登门为她道歉。虽然她的态度也不太亲切，但我还是保住了自己的尊严。

当我向其他人讲述她这个故事的时候，我也是在讲着自己。我也会因为一件事变得激动，有时还会对人们发脾气。我的脾气不好，如果我能用医学手段改善，我会的，但是这种脾气看来是改不掉了，于是我试着提前道歉。作为一名长期留在工作组的成员，我不能保证自己到某些时刻不会“发怒”。但是我能保证，我会尽快纠正自己的错误，然后道歉。

你也许能在过去的经历或历史事件中，最好是在听众经历过的事件中，找到类似的事件。做些调查，看看现有问题是不是在这种文化之下，或这个工作小组中经常出现的问题。

一本书、一部电影、一件时事

参加过居委会的人都知道，一些小问题也能让理智的人们失去理性，变得疯狂。

在我之前住过的小区中，有人动议将 19 世纪 20 年代的飞地重新划分为历史街区，人们因为这事而失去了理智。原本这里的街坊邻里都很和善，也很多元化。许多地方大学的教授都住在这里，有些人的前院摆着些奇形怪状的雕塑。有两户人家一年到头都挂着圣诞节彩灯。有几户人家的前院不种草，而是维持着天然的生态系统。我们可能不喜欢邻居家外墙的颜色，但是我们誓死保卫邻居任意粉刷房屋颜色的权利。

经过多年和平而多元的相处后，一个年轻的律师搬了进来，立刻就成了居委会的主席。他用尽自己的权力来推行重新划区的目标，我称之为“歇斯底里划区”。紧接着发生的矛盾让邻居间反目成仇。

一个人将自己家刷成了紫色和粉色，以此示威。长时间僵持的会议、愤怒言辞的信件，还有贬低“另一方”的阴谋代替了之前的聚餐和雕刻南瓜派对。我因为一项违规行为要在董事会上发言，于是我讲了一个我理解你的故事。

> 我们都来自北卡罗来纳州，所以我猜各位都看过一两集《安迪·格里菲斯秀》。我们邻里间的不和最近让我想起了那部电视剧里的一集。
>
> 你们还记不记得有一集中，巴尼在整理档案，发现了一件没有结案的案子？案件指控理发师弗洛伊德有攻击行为。很难想象弗洛伊德会提高嗓门，更别提攻击别人了。巴尼发誓会“追究得一清二楚”，然后大步走向了理发店。
>
> 一个询问接着另一个询问。巴尼声称弗洛伊德曾一拳打在了查理·弗利的脸上。他们都记不起来当时的经过，直到巴尼穷追不舍的问题重新挑起了过去的矛盾，还有怒火。
>
> 安迪试图劝说巴尼放下这件事，但已经覆水难收了。那晚，弗洛伊德带着黑眼圈走了进来，身后还有一长排的梅博里居民，他们都带着黑眼圈，所有人都要立案。这是个典型的巴尼引起的混乱，而这和我们社区最近的情况很相近。
>
> 我知道各位对工作、对邻里都很用心，对此我表示感谢。但我希望大家能够反省一下最近出现的这股执行规则、寻求法律诉讼的狂热行为。我认为善意和房产一样重要，我希望大家站在安迪的角度想想接下

来会怎么做。

那间屋子里像“巴尼”一样的人只是困惑地眯着眼，等我一说完，他们就开始细声交流起来。但我的目标在于屋里的“安迪”们，他们的天性就是化解纷争，而不是引起纷争。他们能看到，我们身边的“巴尼·法夫”做得太过火了。

一年之内，“巴尼”不再是居委会主席，换成了一个更加温顺、更加明智的“安迪”。第二年的十月，我们还开了一个雕刻南瓜派对呢。

附录：人们应该如何学习讲故事

衡量一个讲故事技巧的讲习班成功与否，不是依靠丰富的理论，而是要看人们接受培训后，故事的数量和质量是否都有了大幅提高。因此，首先要进行自我审查，才能讲授如何讲故事的技巧，这样才合理。急功近利者接受不了脆弱感，也不能面对焦虑感，这样一来，他们的故事实验也就局限在了极有把握的场合，也就不能讲出对比更鲜明、更能表现自我的、更尖锐的故事，从而丧失了让听众产生情感波澜的机会。

建议你直面这些障碍，首先从我是谁和我为何在此的故事着手。我常用的另一个诀窍，就是全身心投入简单的讲故事和听故事过程，在这个过程中，参与者也会逐渐明白该如何讲述和感情有关的故事。减少障碍的同时，要让人们拥有自信，这能使人有更多机会磨炼技巧，探索各种在现实生活和工作中应用故事技巧的方式。

每个人都可以是一个讲故事好手，每种信仰、观点、记忆都是故事。更加坦率地面对自己，不要将即成的模板和指导的作用看得太重要，它们的作用就像是给超重的人一本减肥辅导书一样：尽管技术上来讲是对的，却不足以产生实际效果。仅仅明白自己该做些什么是没用的，除非你想做这件事，或者有了做这件事的想法。模板和指导的作用有限，远远不如学会观察自己和他人的感情推理有用。

以这种方式，你所教授的已经超越了讲故事技巧的范畴。提高讲故事技巧的原则也能用以整体提高领导力、情商、自省、交流技巧。当你按照这种流程教人们讲故事时，你也教会了参与者一种新的思考方式。参与者们学会了绘制观众脑海中的图景，以此理解他人。他们学会了一种既能触及事实，又能触动感情的交流方式。他们的亲身经历能让他们看到真实的力量，从而养成忠实于真实的习惯。

接下来列出的时间表并不是规定让你在某个时刻准时开始，只是列出一场讲故事练习活动的基本顺序和重点而已。

为介绍流程做准备

我收集了 150 多张明信片，用来代表普通人面对的各种困境。我建议你也开始收集。我会将明信片摊开在地面上，让参与者“选出一张能够描述你的角色，或你的日常工作环境的明信片”。

这让人们用图像进行思考，是打开想象力，免受干扰的绝佳方法。你也可以用幻灯片展示六七张有趣的动物图片。只要能够描述工作场所可能出现的情绪（开心、伤心、沮丧、投入、疑惑、紧张），任何图像都可以。

上午9点：可信度和默契

讲述几个我是谁和我为何在此的故事作为开场。

准备好很多我是谁和我为何在此的故事之后，才能开始讲授如何讲故事。为此，你要准备出六大类故事，也要根据你的光辉时刻，你的失意时刻、良师益友、书籍、电影、事件的分类找出对应的故事。寻找故事、发展故事、雕琢故事的过程会增加他人对你的信任，还能大幅提升你协调整个流程的能力。

上午9点15分：练习想象力和自我介绍

让所有参与者利用选出的图片简要地介绍自己："我的角色是……就像……因为……"

如果参与者很多，人们可以结组，轮流对搭档进行两分钟的介绍，然后你可以让各个搭档提名"精彩的介绍"，并在大家面前进行分享。我不会解释什么才算是"精彩"，而是鼓励大家相信自己的直觉，然后讨论直觉将自己引领到了何方。

上午9点30分：故事定义和五种感官

将**故事**想象为陈述自我经历，这样讲故事的人和听故事的人都会觉得故事十分逼真。有时，我会生动描述咬柠檬的感受，然后询问，有谁产生了相应的生理反应。

之所以这样做，是为了让每个人都留心我们的身体是如何消化现实的。无论前额叶怎样想，身体最相信的还是我们的视觉、听觉、嗅觉、味觉、触觉。讲述几个带有生动感官细节的故事，描述达成企业目标时的状态，然后调动起大家的视觉、听觉、嗅觉、味觉和直觉。

人们可能想听一些故事背后的科学依据，以此让故事获得客观科学证据的支持。如果你在网上搜索，很快会找到镜像神经元、神经元耦合等专业的解释。当然，你也可以利用第一章中农夫的故事证明，故事的开始和结束都是任意的，而“真相”则取决于我们怎么看这个故事，是否相信这个故事。

上午9点45分：客观/主观模式

我经常会问：“有没有本来你是正确的，但却没有人肯听你说话的时候？”或者：“你有没有因为讲实话而陷入过麻烦？”

批判性思维会将我们的感情和想象力降到最低。这就意味着，即便你能利用批判性思维给出正确的答案，但并不意味着人们会听从你的想法。专注于人类共有的体验，引起好奇心，并且要接受“思辨思维并不一定是最好的思维方式”这种看法。

拿出花瓶/人脸的视错觉图像（见第一章），然后让大家进行评论。让大家尝试一眼看出两种画面。但这从神经学角度来看是不可能的。阐释一下为何看到人脸之后，花瓶会暂时“消失”，但当你重新切换回原来视角时，花瓶又会重现。这张视错觉图片不仅能够解释，观察事实的角度和观察感情的角度是不同的，还能引出人们因为暂停使用批判性思维而产生的不安。

对参与者说明，他们可以随时切换回批判性思维，但讲故事的过程是由主观思维模式掌控的。在搜寻和雕琢故事方面，以人为本的观察角度会胜过批判性分析。

我一般不会将所有元素如下图一样列出，但我会用故事表现列出的元素。我认为较重要的元素旁边都标上了星号。

客观现实	主观现实
事实 *	感情 *
对或错（通过测量）	沟通、合作、影响 w
真或假——科学方法 *	体验——视情况而定 *
线性——99.6% 有保证 *	非线性——猜测和测试 *
秘诀	一盒小猫
规则（告诉你区别）	智慧（知道区别）
一致（标准化的方针）	和善（允许特例）
人们的感受无所谓 *	人们的感受最重要 *

当你区分事实和感受时，要首先认可客观思维和批判性思维在我们生活中所起的作用。我不是说批判性思维或客观思维不重要。我只是说，人们长期忽视主观思维技巧，这种技能也退化了，因此花时间重新找回故事思维很有必要，尤其重要的是直觉的作用。再强调一遍，为了搜寻好故事，生动地讲故事，我们必须暂时放下将故事扼杀在摇篮里的批判性思维习惯，这样才能发动我们的直觉、同情心和智慧。

为了解释第一条中的事实和感受，同时也为了增加参与者的自信，可以让他们讲一个宠物故事："好了……我们要讲述一个关于宠物的故事。不一定是关于你的宠物的，任何宠物的故事都可以，找到一个搭档，每人有两分钟时间讲故事，开始！"

鼓励人们在大家面前分享故事的最佳方式，就是让他们先对搭档讲述故事，然后让人们提名值得分享给大家的精彩故事。这样，人们就有机会在风险较低的情况下练习讲故事；此外，那些有精彩故事却羞于言表的人也有可能被提名。毫无疑问，提名的故事都是精彩的，这也能让大家明白，讲故事的诀窍并不在于"个人魅力"。

讲述完宠物故事后，问问大家："你觉得有何不同？发生了什么变化？"

通常，人们会说这种体验让人更振奋，也更易沟通。故事的内容并不重要，如果改变了大家的情绪，就会改变接下来的发展。

让人们提名故事，然后选出一些人分享自己的故事。

大家注意到自身情绪和精神面貌的转变之后，你要指出，感受能改变对事实的看法。你先举出一些例子，然后再让大家举出一些例子。

你可以这么说："如果你走进了一间屋子，里面的人全都带着不满情绪，他们觉得自己的看法不受重视，然后你说出一些事实和数字，他们会怎么看这些事实呢？冷嘲热讽和怀疑的情绪会让人们觉得你的事实不准确。他们可能会批判你的研究方法，质疑你的信息来源。而热情则能让人们对你所言的事实深信不疑。事实能帮助人们思考，但情绪（拉丁语中的原意为'开始行动'）控制着人们的行为，也控制着人们对事实的界定。"

为了让人们不再那样关注于讲故事的秘诀，我会举出这个例子：

> 如果我想引起人们的注意，我会带来一盒小猫。有数据显示，大部分人都喜欢小猫。假装我们在屋里放了一盒小猫，一只小猫在追着另一只，还有一只小猫跳出了盒子，开始玩弄起一个人的鞋带。最吸引人们注意的是什么呢？（没有什么是百分百有效的，有些人不喜欢猫。）
>
> 瞧吧。我已经找到了吸引人们注意力的诀窍，但

> 如果我想将这种现象“缩放”一下，并复制到其他情境之下呢？科学理论会认为如果我进行分析，我就能加以理解。于是我应该把小猫劈成两半，然后检查它的组成部分，是吗？但我这样做的后果呢？就是摧毁了我最想理解的部分。强行分析讲故事的技能——情绪的语言，会摧毁你最想理解的部分。

这类鲜活的、调动感官的画面能让你的想法变得更生动。逗弄一番，从中得到乐趣吧。但这种情况下，长时间的停顿比冗杂的细节复述要好得多。你可不想让人们发出反胃的声音。

仔细考虑前面两个例子，你就能自行找到其他有用的部分。用30分钟时间提升大家的“感知敏感度”，这样就为接下来的进行扫清了讲故事的障碍。

到这时，也许只剩下少数几个擅长批判性思维的人会觉得焦躁不安（如果你讲的故事很精彩，那么用批判性思维的人会更少）。他们可能会批判这个培训缺乏重点和结构。你可以解释说，故事就是关于情境（与重点相反）和体验（被总结成既定模式后会丧失殆尽）的。多数人都会耐心听下去，也是时候开始讲授如何讲故事，并让大家开始实践了。

上午10点15分：练习故事：选择核心信息

列出六种故事，然后专注于寻找我是谁和我为何在此的故事。

这是个一箭双雕的方法，因为故事不仅会显示出你是谁，往往还能解释你为何在此。在培训班里，我通常将二者合一。你要让参与者明白，那些认为你人品不错，知道你为何在此的听众更容易被你的故事打动。因此，人们想打动听众时，我是谁和我为何在此的故事在任何情况下都会起作用。

有时，我会进行三分钟故事练习。商务交往十分注重简洁有效，如果假设故事的失败率为30%的话，那么三分钟故事的原则也能保证，如果故事收效甚微，也能尽快结束！

让参与者写下三种能打动目标听众的品质。提醒他们，不要在毫无希望成功的情况下试讲之前从未讲过的故事。

他们写下三种品质，并开始寻找故事之后，建议他们不要在观众面前惴惴不安，只要找到最能体现他们内在品质的故事就好。警示他们，内心的批判声可能会过分谨小慎微，并且会认为故事跑题或不合时宜，从而让你过早地放弃一个本会十分精彩的故事。

上午10点30分：搜寻故事：四种来源

讲述你自己的光辉时刻、失意时刻、良师益友，还有来自一本书、一部电影、一件时事的故事（第三章中详述），以此介绍这四种可以搜寻到故事的来源。你分享一个故事，也会收获一个故事。你的努力是否成功，在一定程度上取决于你的故事能否很好地引出他们的故事。你在讲述自发性、真实可靠性，以及从失意中恢复过来的故事后，并习惯于模糊的含义和实验时，你不仅讲授了这些原则，还能将其加以扩充，让大家记下所有想到的故事创意。

上午10点45分：写下故事梗概

让参与者用 5 分钟的时间，静静地写下一个故事梗概。让他们利用想象重新体验一遍故事，然后在画面、声音、味道、触觉上面尽可能多地写下注释。他们可能仅能用到所写细节中的一小部分，但他们记下的细节越多，他们的故事也会越精彩。

上午10点50分：和搭档分享自己的故事

新的故事需要先在友善的听者那里进行试验。让参与者测试一下新故事，给友善的听众讲故事时也要仔细分析自己是如何讲述的。听众说出“天啊，我之前也住在丹佛！”这类话语并不代表是在倾听。

让听众带着愉悦的心情静静地听你讲述，带着积极的情绪聆听故事，这能扩大讲故事的人的创意空间，让他们即兴发挥，自由玩味对话、细节和时机。

有些人讲故事可能用不了三分钟，而有些人在时间到了后还是会继续讲述。

提醒他们，对于那些提前讲完故事的人，搭档应该保持倾听的姿态，这样对方才会试图补充这些空白。有时，填补空白的过程能让不错的故事变得更精彩。那些超过时间的人，你知道自己该如何改进。简洁是宝。

上午11点：抓住有教育意义的瞬间，体验讲故事的成功和技巧

教授人们如何讲故事的魅力所在，就是看着人们发现已有的精彩故事，并知道该以何种方式讲述这些故事。

问他们“有谁听到了不错的故事”，肯定会有部分的参与者举手。让他们环视四周，看看有多少好故事和擅长讲故事的人就在身边。让举起手的参与者讲述这些故事，让整个屋的人们都听一听。对于习惯批判性回复的人来说，接下来的步骤可能显得过于温柔，但是，找出并赞赏不错的部分比提出建议或批评更需要勇气。

看到没？你已经知道该如何做了。

每个人天生就有能力识别出什么样的故事能拨动心弦。为了进行下一个步骤，也就是发展一个故事，有谁能提名一个精彩故事？精彩的故事就在那里。请指出是谁讲述了这些精彩的故事。我们要知道哪些行得通，这样才能记下来，并将之再现。

确保在屏幕上或讲义上写明赞赏的格式。

“你的故事告诉我，你是……”

“我喜欢的故事中的感官细节是……”

“你的故事让我想起了……”

“我能看出你的故事在（某个特定情况下）能够影响……”

要反复强调，讲故事的人无须听他人的指摘，也无须太受“他人”理解的影响。让参与者从自身角度讲述亲身经历，并且让大家按照赞赏格式发言评论。利用本书中的内容，详述参与者讲述故事过程中所用的具体技巧和策略。

用课程余下的时间分享故事，相互赞扬。理想状态下，将有一小时剩余时间进行这部分内容，但由于参与者人数、具体情况、背景各有不同，也可能只有 15 分钟剩余时间。相信你的直觉，让参与者明白如何跳出自己的想法，让参与者明白自己已经做得很棒了，这样一来，就能确保所有参与者的讲故事体验是充满积极情绪的。